الْمَرَايَا وَالْمَاءُ

دار الرُّقيّ

للطباعة والنشر والتوزيع

خـلـيـوي: 00961 3 235949

تلفاكس: 00961 7 920158

ص.ب: 4101 بيروت - لبنان

الْمَرَايَا وَ الْمَاءُ

مِنْ أَرْوَعِ مَا كُتِبَ فِي الْأَدَبِ الْمُوَجَّهِ لِلطِّفْلِ

تأليف: أسامة صفراوي

رسوم: نور التوبة

دار الرُّقيِّ

للطباعة والنشر والتوزيع

مقدمة

الطَّقْسُ جَمِيلٌ دَافِئٌ، وَالْجَوُّ رَبِيعِيٌّ هَادِئٌ. الشَّمْسُ تُرْسِلُ أَشِعَّتَها الذَّهَبِيَّةَ الْبَرَّاقَةَ، وَالْهَوَاءُ يُرْسِلُ نَسَمَاتِهِ الْمُنْعِشَةَ الدَّفَّاقَةَ. فَوْقَ رَبْوَةٍ عَالِيَةٍ، جَلَسَ شَيْخٌ وَقُورٌ يَتَأَمَّلُ الْقَرْيَةَ الصَّغِيرَةَ أَسْفَلَ الرَّبْوَةِ، وَبِجَانِبِهِ وَقَفَ طِفْلٌ مَمْشُوقُ الْقَوَامِ، عَيْنَاهُ بَرَّاقَتَانِ، وَتَعْلُو مُحَيَّاهُ ابْتِسَامَةٌ هَادِئَةٌ وَاثِقَةٌ.

مَكَثَ الْاثْنَانِ يَتَأَمَّلَانِ حَرَكَةَ الْقَرْيَةِ وَجَمَالَ

الطَّبِيعَةِ فِي هُدُوءٍ وَاسْتِمْتَاعٍ. قَالَ الطِّفْلُ: «أَخِيرًا، اِسْتَرْجَعْنَا الْمِفْتَاحَ، وَعَادَتِ الْحَيَاةُ لِلْقَرْيَةِ مِنْ جَدِيدٍ». أَخَذَ الشَّيْخُ نَفَسًا عَمِيقًا مِنَ الْهَوَاءِ النَّقِيِّ، ثُمَّ قَالَ فِي ارْتِيَاحٍ: «الْحَمْدُ لله».

بَعْدَ فَتْرَةٍ مِنَ الصَّمْتِ، سَأَلَ الشَّيْخُ الطِّفْلَ: «مَاذَا تَعَلَّمْتَ مِنْ مُغَامَرَاتِكَ الْحَافِلَةِ يَا مهاب»؟ اِبْتَسَمَ الطِّفْلُ مهاب وَالْتَفَتَ إِلَى الشَّيْخِ قَائِلًا: «لَقَدْ تَعَلَّمْتُ الْكَثِيرَ». ثُمَّ عَادَ يَتَأَمَّلُ الْمَنَاظِرَ الْخَلَّابَةَ أَمَامَهُ، وَرَجَعَتْ بِهِ الذَّاكِرَةُ إِلَى أَيَّامٍ مَعْدُودَةٍ مَضَتْ.

* * *

1

البداية

فِي مَكَانٍ قَصِيٍّ مَجْهُولٍ، أَسْفَلَ رَبْوَةٍ خَضْرَاءَ عَالِيَةٍ، تُوجَدُ قَرْيَةٌ صَغِيرَةٌ يَعِيشُ أَهْلُهَا فِي سَعَادَةٍ وَأَمَانٍ وَسَطَ جَوٍّ مِنَ الْوُدِّ وَالتَّآخِي. لَكِنْ يَعِيشُ فِي هَذِهِ الْقَرْيَةِ سَبْعَةُ أَشْخَاصٍ أَشْرَارٍ طِوَالُ الْقَامَةِ، ضِخَامُ الْجُثَّةِ، أَقْوِيَاءُ الْبِنْيَةِ. أَهْلُ الْقَرْيَةِ يَكْرَهُونَهُمْ وَيُسَمُّونَهُمُ الْعَمَالِقَةَ الْأَشْرَارَ.

ذَاتَ لَيْلَةٍ، اِجْتَمَعَ الْعَمَالِقَةُ الْأَشْرَارُ وَقَرَّرُوا أَنْ يَتَّحِدُوا وَيَنْتَقِمُوا مِنْ أَهْلِ الْقَرْيَةِ. فَكَّرُوا فِي

خُطَّةٍ خَبِيثَةٍ، وَأَخِيرًا خَطَرَتْ بِبَالِ أَحَدِهِمْ فِكْرَةٌ شَنِيعَةٌ: الِاسْتِيلَاءُ عَلَى بِئْرِ الْقَرْيَةِ. وَافَقَ الْجَمِيعُ عَلَى الْفِكْرَةِ، وَقَضَوُا اللَّيْلَ كُلَّهُ يَصْنَعُونَ صُنْدُوقًا حَدِيدِيًّا كَبِيرًا وَثَقِيلًا، ثُمَّ وَضَعُوهُ فَوْقَ الْبِئْرِ وَأَقْفَلُوا بَابَهُ بِقُفْلٍ حَدِيدِيٍّ صُلْبٍ. بَعْدَ ذَلِكَ، غَادَرُوا الْقَرْيَةَ قَبْلَ بُلُوجِ نُورِ الْفَجْرِ.

فِي الصَّبَاحِ، تَفَطَّنَ النَّاسُ لِلْأَمْرِ، فَسَادَ التَّوَتُّرُ الْأَجْوَاءَ، وَعَمَّتِ الْفَوْضَى وَعَلَتِ الْأَصْوَاتُ وَكَثُرَ الصَّخَبُ. فَجْأَةً، تَقَدَّمَ حَكِيمُ الْقَرْيَةِ وَوَقَفَ وَسَطَ النَّاسِ وَأَشَارَ إِلَيْهِمْ بِالصَّمْتِ، ثُمَّ خَاطَبَهُمْ قَائِلًا:

ـ لَقَدِ اتَّحَدَ الْعَمَالِقَةُ الْأَشْرَارُ، وَأَحَاطُوا الْبِئْرَ بِصُنْدُوقٍ مَعْدَنِيٍّ مَتِينٍ أَغْلَقُوا بَابَهُ بِقُفْلٍ ضَخْمٍ غَيْرِ قَابِلٍ لِلْكَسْرِ. ثُمَّ إِنَّهُمْ أَخَذُوا مِفْتَاحَ الْقُفْلِ وَغَادَرُوا

الْقَرْيَةَ مُتَّجِهَيْنِ نَحْوَ بُرْجٍ عَظِيمٍ. مَنْ أَرَادَ أَنْ يُحَاوِلَ اسْتِرْجَاعَ الْمِفْتَاحِ وَيُنْقِذَ الْقَرْيَةَ مِنْ هَلَاكٍ مُحَقَّقٍ فَلْيَزُرْنِي فِي مَنْزِلِي لِأَكُونَ لَهُ مُسَانِدًا وَمُوَجِّهًا. لَكِنْ لِتَعْلَمُوا أَنَّ مَنْ أَرَادَ خَوْضَ هَذِهِ الْمُغَامَرَةِ لَا تَكْفِيهِ الْقُوَّةُ الْجَسَدِيَّةُ فَحَسْبُ، بَلِ الْأَهَمُّ هُوَ أَنْ يَكُونَ ذَا قَلْبٍ طَيِّبٍ صَادِقٍ وَعَقْلٍ ذَكِيٍّ نَبِيهٍ.

ثُمَّ عَادَ حَكِيمُ الْقَرْيَةِ إِلَى مَنْزِلِهِ يَمْشِي بِخُطًى وَئِيدَةٍ مُتَّكِئًا عَلَى عَصَاهُ الْخَشَبِيَّةِ. وَعِنْدَمَا وَصَلَ، جَلَسَ فِي الشُّرْفَةِ يَنْتَظِرُ مَنْ سَيَتَطَوَّعُ لِإِنْقَاذِ الْقَرْيَةِ وَأَهْلِهَا. اِنْتَظَرَ سَائِرَ الْيَوْمِ بِصَبْرٍ وَهُدُوءٍ إِلَى أَنْ مَالَتِ الشَّمْسُ نَحْوَ الْغُرُوبِ. فَجْأَةً، تَنَاهَى إِلَى سَمْعِهِ وَقْعُ خُطُوَاتٍ رَشِيقَةٍ تَقْتَرِبُ مِنَ الْمَنْزِلِ، ثُمَّ طُرِقَ الْبَابُ. نَهَضَ الشَّيْخُ وَفَتَحَ الْبَابَ، فَإِذَا

بِالطَّارِقِ طِفْلٌ نَحِيفٌ وَفِي عَيْنَيْهِ بَرِيقٌ يَدُلُّ عَلَى الذَّكَاءِ وَرُوحِ التَّحَدِّي. أَحَسَّ الشَّيْخُ بِدَهْشَةٍ كَبِيرَةٍ، لَكِنَّهُ دَعَا الطِّفْلَ لِلدُّخُولِ، وَجَلَسَ الِاثْنَانِ فِي شُرْفَةِ الْمَنْزِلِ.

بَعْدَ فَتْرَةٍ مِنَ الصَّمْتِ، سَأَلَ الشَّيْخُ الطِّفْلَ قَائِلًا:

ـ هَلْ أَنْتَ وَاثِقٌ مِنْ قَرَارِكَ هَذَا يَا بُنَيَّ؟ يَجِبُ أَنْ تَعْلَمَ أَنَّ مُغَامَرَتَكَ لَنْ تَكُونَ هَيِّنَةً بَلْ سَتَكُونُ مَحْفُوفَةً بِمَخَاطِرَ شَتَّى.

فَأَجَابَ الطِّفْلُ:

ـ نَعَمْ، أَنَا وَاثِقٌ يَا عَمَّاهْ.

اِبْتَسَمَ الشَّيْخُ الْحَكِيمُ، وَعَادَ يَسْأَلُ الطِّفْلَ:

ـ مَا اسْمُكَ يَا بُنَيَّ؟ وَمَا رَأْيُ وَالِدَيْكَ فِي الْأَمْرِ

رَدَّ الطِّفْلُ قَائِلًا:

ـ اِسْمِي مهاب يَا عَمَّاهْ، وَأَنَا يَتِيمٌ.

تَفَرَّسَ الشَّيْخُ فِي مهاب بِعَيْنَيْنِ عَارِفَتَيْنِ، فَتَوَسَّمَ فِيهِ الطِّيبَةَ وَالْفِطْنَةَ. ثُمَّ قَالَ بِلَهْجَةٍ جَادَّةٍ:

ـ حَسَنًا يَا مهاب. مُغَامَرَتُكَ سَتَبْدَأُ غَدًا، أَمَّا أَنَا فَسَأُسَاعِدُكَ بِالتَّوْجِيهِ وَالنَّصِيحَةِ. مَا رَأْيُكَ؟

ـ أَنَا مُوَافِقٌ يَا عَمَّاهْ. هَلَّا حَدَّثْتَنِي عَنْ تَفَاصِيلِ هَذِهِ الْمُغَامَرَةِ؟

ـ طَبْعًا يَا بُنَيَّ. لَقَدْ خَبَّأَ الْعَمَالِقَةُ الْأَشْرَارُ مِفْتَاحَ الصُّنْدُوقِ فِي بُرْجٍ مُنِيفٍ شَرْقَ قَرْيَتِنَا، وَاجْتَمَعُوا عَلَى حِمَايَتِهِ وَعَدَمِ السَّمَاحِ لِأَيِّ مَخْلُوقٍ بِالْوُصُولِ إِلَيْهِ. لَكِنْ تُوجَدُ مَجْمُوعَةٌ مِنَ الْمَرَايَا الْمُبَعْثَرَةِ فِي

أَمَاكِنَ مُتَفَرِّقَةٍ، وَهَذِهِ الْمَرَايَا هِيَ الْوَسِيلَةُ الْمُثْلَى لِهَزِيمَةِ الْعَمَالِقَةِ السَّبْعَةِ. فَأَقْتَرِحُ أَنْ تَذْهَبَ كُلَّ يَوْمٍ لِلْحُصُولِ عَلَى مِرْآةٍ وَتُحْضِرَهَا إِلَى هُنَا، وَعِنْدَمَا تَكْتَمِلُ الْمَرَايَا، تَأْخُذُهَا وَتَتَوَجَّهُ فِي الْيَوْمِ الثَّامِنِ إِلَى الْبُرْجِ لِمُوَاجَهَةِ الْعَمَالِقَةِ السَّبْعَةِ وَاسْتِرْجَاعِ الْمِفْتَاحِ. خَزَانَاتُ الْقَرْيَةِ مَمْلُوءَةٌ بِالْمِيَاهِ لَكِنَّهَا تَكْفِينَا لِثَمَانِيَةِ أَيَّامٍ فَقَطْ، فَأَمَامَكَ ثَمَانِيَةُ أَيَّامٍ لِتُنْهِي مُغَامَرَاتِكَ بِنَجَاحٍ وَتُنْقِذَنَا مِنَ الْهَلَاكِ عَطَشًا.

ـ وَمَاذَا عَنْ هَؤُلَاءِ الْعَمَالِقَةِ؟

ـ هُمْ سَبْعَةُ أَشْخَاصٍ ذَوُو بِنْيَةٍ جَسَدِيَّةٍ خَارِقَةٍ، وَقَدِ اخْتَارُوا لِأَنْفُسِهِمْ خِصَالًا ذَمِيمَةً مُشِينَةً، فَكَرِهَهُمْ أَهْلُ الْقَرْيَةِ وَنَبَذُوهُمْ.

ـ إِذَنْ فَالْعَمَالِقَةُ الْأَشْرَارُ يَتَمَيَّزُونَ بِالضَّخَامَةِ

وَالْبَأْسِ. يَبْدُو أَنَّنِي لَنْ أَسْتَطِيعَ الْانْتِصَارَ عَلَيْهِمْ بِاسْتِعْمَالِ الْقُوَّةِ.

ـ بَلَى يَا مهاب، لَنْ يُمْكِنَكَ الْانْتِصَارُ عَلَيْهِمْ بِالْقُوَّةِ بَلْ بِالْحِيلَةِ. الْآنَ وَقَدْ عَرَفْتَ تَفَاصِيلَ مُغَامَرَتِكَ، أَخْبِرْنِي مَاذَا تَنْوِي أَنْ تَفْعَلَ وَمَا هُوَ هَدَفُكَ؟

ـ هَدَفِي هُوَ الْقَضَاءُ عَلَى الْعَمَالِقَةِ الْأَشْرَارِ، لِأَنَّهُمْ يَسْعَوْنَ فِي هَلَاكِنَا.

اِبْتَسَمَ الشَّيْخُ بِحُنُوٍّ، وَقَالَ نَاصِحًا:

ـ لَا يَا بُنَيَّ، لَا يَكُنْ هَدَفُكَ أَنْ تَقْضِيَ عَلَيْهِمْ، بَلْ اهْزِمْ الشُّرُورَ الَّتِي سَكَنَتْ فِي نُفُوسِهِمْ وَحَرِّرْهُمْ مِنْهَا. لَا يَكُنْ قَلْبُكَ قَاسِيًا، كُنْ رَحِيمًا حَلِيمًا.

أَوْمَأَ مهاب بِرَأْسِهِ مُوَافِقًا. فَتَابَعَ الشَّيْخُ قَائِلًا:

ـ يَا بُنَيَّ، لَا مَعْنَى لِلْحَيَاةِ دُونَ أَهْدَافٍ. ضَعْ لِنَفْسِكَ دَوْمًا أَهْدَافًا نَبِيلَةً، وَوَجِّهْ تَفْكِيرَكَ وَجُهُودَكَ نَحْوَ أَهْدَافِكَ، وَابْتَعِدْ عَنِ الْفَاشِلِينَ الَّذِينَ يُحَاوِلُونَ إِحْبَاطَكَ وَتَثْبِيطَ هِمَّتِكَ. اِبْحَثْ دَوْمًا عَنْ هَدَفٍ كَبِيرٍ نَبِيلٍ، ثُمَّ قَسِّمْهُ إِلَى أَهْدَافٍ صَغِيرَةٍ. فَمَثَلًا الْآنَ هَدَفُكَ الْكَبِيرُ هُوَ اسْتِرْجَاعُ الْمِفْتَاحِ مِنَ الْعَمَالِقَةِ السَّبْعَةِ، وَأَهْدَافُكَ الصَّغِيرَةُ هِيَ الْحُصُولُ عَلَى الْمَرَايَا الَّتِي سَتُسَاعِدُكَ فِي هَزِيمَتِهِمْ. اِسْتَيْقِظْ كُلَّ صَبَاحٍ وَهَدَفُكَ نُصْبَ عَيْنَيْكَ، وَتَذَكَّرْ دَوْمًا أَنَّ طَرِيقَكَ الطَّوِيلَ نَحْوَ هَدَفِكَ يَبْدَأُ بِخُطْوَةٍ تَلِيهَا خُطْوَةٌ تَلِيهَا خُطُوَاتٌ. وَإِنْ كَانَ هَدَفُكَ صَعْبَ الْمَنَالِ، لَا تَيْأَسْ، بَلْ تَوَكَّلْ عَلَى اللهِ وَكُنْ مُثَابِرًا

صَبُورًا، وَتَذَكَّرْ أَنَّ مَنْ يَسْعَى بِصِدْقٍ نَحْوَ هَدَفِهِ سَتُسَانِدُهُ كُلُّ الظُّرُوفِ لِلْوُصُولِ إِلَيْهِ. فِي طَرِيقِكَ رُبَّمَا تَتَعَثَّرُ وَتَقَعُ، لَا تَبْقَ طَرِيحًا يَائِسًا، بَلِ انْهَضْ وَانْفُضْ عَنْكَ الْغُبَارَ وَوَاصِلْ طَرِيقَكَ نَحْوَ هَدَفِكَ بِعَزْمٍ وَإِصْرَارٍ، فَكُلُّ عَثْرَةٍ سَتَزِيدُكَ قُوَّةً وَحِكْمَةً. وَلَا تَنْهَزِمْ أَمَامَ الظُّرُوفِ الصَّعْبَةِ، بَلْ كُنْ مَرِنًا وَتَأَقْلَمْ مَعَهَا دُونَ أَنْ تَتَخَلَّى عَنْ مَبَادِئِكَ، كَالْمَاءِ يَتَأَقْلَمُ مَعَ شَكْلِ الْوِعَاءِ الَّذِي يُصَبُّ فِيهِ.

اِنْبَهَرَ مهاب بِكَلَامِ الشَّيْخِ، وَصَارَ يُصْغِي إِلَيْهِ بِكُلِّ جَوَارِحِهِ. فَتَابَعَ الشَّيْخُ الْحَكِيمُ قَائِلًا:

ـ أُوصِيكَ أَيْضًا يَا مهاب أَنْ تَنْتَبِهَ فِي مُغَامَرَاتِكَ وَأَنْ تُحَافِظَ عَلَى الطَّبِيعَةِ. فَمَثَلًا لَا تُؤْذِ الْأَشْجَارَ وَلَا تَكْسِرْ أَغْصَانَهَا وَلَا تَقْطِفْ أَوْرَاقَهَا. أَتَعْرِفُ

أَنَّ الْأَشْجَارَ كَائِنَاتٌ حَيَّةٌ مِثْلَنَا؟ إِنَّهَا كَائِنَاتٌ طَيِّبَةٌ كَرِيمَةٌ تُزَوِّدُنَا بِالْهَوَاءِ النَّقِيِّ وَالظِّلِّ وَالثِّمَارِ، فَحَافِظْ عَلَى الطَّبِيعَةِ وَاسْتَمْتِعْ بِجَمَالِهَا. وَاعْلَمْ يَا بُنَيَّ أَنَّ الْمَاءَ سِرُّ الْحَيَاةِ، وَهُوَ ثَرْوَةٌ ثَمِينَةٌ لَا نَنْتَبِهُ إِلَى قِيمَتِهَا لِلْأَسَفِ إِلَّا حِينَ نَفْقِدُهَا. عِنْدَمَا تُمْسِكُ كُوبَ مَاءٍ لِتَشْرَبَهُ، تَأَمَّلْهُ وَابْتَسِمْ، وَاشْكُرِ اللهَ عَلَى هَذِهِ النِّعْمَةِ الْغَالِيَةِ.

ثُمَّ أَخْرَجَ مِنْ جَيْبِهِ خَرِيطَةً وَعُلْبَةَ عَسَلٍ قَدَّمَهُمَا لِمهاب وَقَالَ:

ـ هَذِهِ خَرِيطَةٌ وَاضِحَةٌ فِيهَا أَمَاكِنُ الْمَرَايَا وَالْبُرْجِ، وَهَذَا عَسَلٌ صَافٍ كُلْ مِنْهُ عِنْدَمَا تُحِسُّ بِالْجُوعِ وَالْإِرْهَاقِ خِلَالَ مُغَامَرَاتِكَ. اِحْمِلْ الْخَرِيطَةَ وَعُلْبَةَ الْعَسَلِ مَعَكَ دَوْمًا. إِنَّ الْعَسَلَ

غِـذَاءٌ غَنِيٌّ بِمَنافِعَ لَا حَصْرَ لَهَا، وَتُسْتَخْرَجُ مِنْهُ مُنْتَجَاتٌ مُتَنَوِّعَةٌ كَالْأَدْوِيَةِ وَمُسْتَحْضَرَاتِ التَّنْظِيفِ وَالتَّجْمِيلِ. دَعْنِي أُقَدِّمْ لَكَ بَعْضَ الْمَعْلُومَاتِ عَنِ النَّحْلِ: تَخْرُجُ نَحْلَةُ الِاسْتِطْلَاعِ مِنَ الْخَلِيَّةِ لِلْبَحْثِ عَنِ الْأَزْهَارِ، وَعِنْدَمَا تَجِدُ مَكَانًا مُزْهِرًا تَعُودُ إِلَى الْخَلِيَّةِ وَتَقُومُ بِرَقْصَةٍ عَجِيبَةٍ لِتَدُلَّ بَقِيَّةَ النَّحْلِ عَلَى ذَلِكَ الْمَكَانِ، فَيَخْرُجُ النَّحْلُ وَيَتَوَجَّهُ إِلَيْهِ بِدِقَّةٍ عَجِيبَةٍ فَسُبْحَانَ اللهِ. هَلْ تَعْلَمُ أَنَّ النَّحْلَ ضَرُورِيٌّ لِاسْتِمْرَارِ الْحَيَاةِ يَا بُنَيَّ؟ إِذَا انْقَرَضَ النَّحْلُ فَسَيُؤَدِّي ذَلِكَ إِلَى انْقِرَاضِ الْبَشَرِ بَعْدَ سَنَوَاتٍ مَعْدُودَةٍ، لِأَنَّ النَّحْلَ يَقُومُ بِوَظِيفَةٍ حَيَوِيَّةٍ هِيَ تَلْقِيحُ الْأَشْجَارِ وَالنَّبَاتَاتِ. وَالْآنَ عُدْ إِلَى مَنْزِلِكَ وَانْعَمْ بِنَوْمٍ هَادِئٍ اسْتِعْدَادًا لِمُغَامَرَتِكَ الْأُولَى، وَغَدًا

الْبِسْ مَلَابِسَ صُوفِيَّةً دَافِئَةً فَالْمَكَانُ الَّذِي سَتَذْهَبُ
إِلَيْهِ شَدِيدُ الْبُرُودَةِ.

شَــكَرَ مهاب الشَّيْخَ الْحَكِيمَ عَلَى نَصَائِحِهِ
الثَّمِينَةِ، ثُمَّ خَرَجَ عَائِدًا إِلَى مَنْزِلِهِ وَكُلُّهُ عَزْمٌ وَإِصْرَارٌ
عَلَى إِتْمَامِ مُغَامَرَتِهِ الْخَطِيرَةِ بِنَجَاحٍ.

مرآة التّواضع

فِي صَبَاحِ الْيَوْمِ التَّالِي، لَبِسَ مهاب مَلَابِسَ صُوفِيَّةً دَافِئَةً وَذَهَبَ إِلَى مَنْزِلِ حَكِيمِ الْقَرْيَةِ. وَعِنْدَمَا وَصَلَ، قَالَ لَهُ الشَّيْخُ:

ـ وِجْهَتُكَ الْأُولَى هِيَ الْجَبَلُ فِي الشَّمَالِ الْغَرْبِيِّ، حَيْثُ سَتُوَاجِهُ الْخِنْزِيرَ الْبَرِّيَّ الشَّرِسَ وَتَحْصُلُ عَلَى مِرْآةِ التَّوَاضُعِ الَّتِي سَتُسَاعِدُكَ فِي هَزِيمَةِ الْعِمْلَاقِ الْمُتَكَبِّرِ.

تَرَدَّدَ مِهَاب قَلِيلًا، ثُمَّ سَأَلَ قَائِلًا:

ـ وَمَاذَا أَفْعَلُ إِذَا شَعُرْتُ بِالْخَوْفِ؟

فَأَجَابَ الشَّيْخُ مُبْتَسِمًا:

ـ الْخَوْفُ شُعُورٌ طَبِيعِيٌّ عِنْدَ مُوَاجَهَةِ الْخَطَرِ يَا بُنَيَّ. الشَّجَاعَةُ لَيْسَتْ فِي عَدَمِ الشُّعُورِ بِالْخَوْفِ، بَلِ الشَّجَاعَةُ هِيَ مُقَاوَمَةُ الْخَوْفِ وَالتَّغَلُّبُ عَلَيْهِ. عِنْدَمَا تَشْعُرُ بِالْخَوْفِ، خُذْ نَفَسًا عَمِيقًا لِيَصْفُو ذِهْنُكَ وَتَسْتَطِيعَ التَّرْكِيزَ.

أَوْمَأَ مِهَاب بِرَأْسِهِ مُوَافِقًا، فَسَكَتَ الشَّيْخُ قَلِيلًا، ثُمَّ وَاصَلَ قَائِلًا:

ـ يَا بُنَيَّ، إِنَّ التَّكَبُّرَ صِفَةٌ بَغِيضَةٌ، وَإِنَّ أَجْمَلَ شُعُورٍ فِي هَذِهِ الْحَيَاةِ هُوَ أَنْ تَعْرِفَ حَقِيقَةَ نَفْسِكَ.

لَا تَحْتَقِرْ النَّاسَ وَلَا تَسْتَصْغِرْ الْأَشْيَاءَ، فَمَثَلًا لَا تَنْظُرْ إِلَى النَّمْلَةِ عَلَى أَنَّهَا مُجَرَّدُ حَشَرَةٍ حَقِيرَةٍ، إِنَّهَا كَائِنٌ حَيٌّ مِثْلِي وَمِثْلُكَ، بَلْ إِنَّ هَذَا الْكَائِنَ الضَّئِيلَ يُعَلِّمُنَا دُرُوسًا قَيِّمَةً فِي الْجِدِّ وَالْمُثَابَرَةِ. إِذَا سَمَحْتَ لِنَفْسِكَ بِأَنْ تَدُوسَ نَمْلَةً لِمُجَرَّدِ الْعَبَثِ أَوِ التَّسْلِيَةِ، فَهَذَا يَعْنِي أَنَّكَ إِنْسَانٌ مَغْرُورٌ وَمُتَعَجْرِفٌ. إِذَا اسْتَعْمَلْتَ قُوَّتَكَ لِلْبَطْشِ بِمَنْ هُوَ أَضْعَفُ مِنْكَ فَهَذَا دَلِيلٌ عَلَى ضُعْفِكَ لَا عَلَى قُوَّتِكَ. إِنَّ التَّوَاضُعَ شِيمَةُ الْعُظَمَاءِ، وَكَمَا قَالَ الشَّاعِرُ:

تَوَاضَعْ تَكُنْ كَالنَّجْمِ لَاحَ لِنَاظِرٍ

عَلَى صَفَحَاتِ الْمَاءِ وَهُوَ رَفِيعُ

وَلَا تَكُ كَالدُّخَانِ يَعْلُو بِذَاتِهِ

إِلَى طَبَقَاتِ الْجَوِّ وَهُوَ وَضِيعُ

وَالْآنَ حَانَ وَقْتُ مُغَامَرَتِكَ الْأُولَى يَا مهاب. سِرْ جِهَةَ الشَّمَالِ الْغَرْبِيِّ حَتَّى تَجِدَ نَسْرًا كَبِيرًا سَيَحْمِلُكَ إِلَى قِمَّةِ الْجَبَلِ. لَكِنْ قَبْلَ ذَلِكَ، دَعْنِي أَمْنَحْكَ بَعْضَ الْمَعْلُومَاتِ عَنِ النَّسْرِ وَالْخِنْزِير الْبَرِّيِّ.

النَّسْرُ طَائِرٌ جَارِحٌ يَعِيشُ فَوْقَ الْقِمَمِ الشَّاهِقَةِ. نَظَرُهُ ثَاقِبٌ، وَيُحَدِّدُ مَكَانَ فَرِيسَتِهِ بِدِقَّةٍ ثُمَّ يَنْقَضُّ عَلَيْهَا كَالسَّهْمِ فِي اللَّحْظَةِ الْمُنَاسِبَةِ تَمَامًا. مَخَالِبُهُ حَادَّةٌ قَوِيَّةٌ يَسْتَطِيعُ أَنْ يَحْمِلَ بِهَا فَرِيسَةً كَبِيرَةً ثَقِيلَةً وَيَطِيرَ بِهَا.

الْخِنْزِيرُ الْبَرِّيُّ حَيَوَانٌ كَالِشُ يَعِيشُ فِي الْجِبَالِ وَالْغَابَاتِ. عِنْدَمَا يَشْعُرُ بِالْخَطَرِ، يَهْجُمُ رَاكِضًا بِسُرْعَةٍ مُوَجِّهًا قُرُونَهُ الْقَصِيرَةَ الْقَوِيَّةَ نَحْوَ خَصْمِهِ.

خَرَجَ مهاب مِنْ مَنْزِلِ الشَّيْخِ وَنَظَرَ فِي الْخَرِيطَةِ، ثُمَّ تَوَجَّهَ نَحْوَ الشَّمَالِ الْغَرْبِيِّ، فَوَجَدَ فَوْقَ صَخْرَةٍ نَسْرًا بُنِّيًا عَظِيمًا، جَنَاحَاهُ قَوِيَّانِ، عَيْنَاهُ وَاسِعَتَانِ تُطِلُّ مِنْهُمَا نَظْرَةٌ ثَاقِبَةٌ، مِنْقَارُهُ أَصْفَرُ مَعْقُوفٌ، وَمَخَالِبُهُ حَادَّةٌ. رَكِبَ مهاب النَّسْرَ، فَبَسَطَ الطَّائِرُ الْمَهِيبُ جَنَاحَيْهِ الْقَوِيَّيْنِ وَرَفْرَفَ بِثَبَاتٍ، ثُمَّ طَارَ مُرْتَفِعًا فِي السَّمَاءِ نَحْوَ قِمَّةِ الْجَبَلِ الشَّمَّاءِ. وَبَيْنَمَا النَّسْرُ يَطِيرُ فِي شُمُوخٍ، أَجَالَ مهاب بَصَرَهُ مُتَأَمِّلًا جَمَالَ الطَّبِيعَةِ، وَقَدْ لَاحَظَ أَنَّ الْجَوَّ يَزْدَادُ بُرُودَةً كُلَّمَا ارْتَفَعَ النَّسْرُ أَكْثَرَ. بَعْدَ سَاعَةٍ، لَاحَتْ قِمَّةُ الْجَبَلِ الشَّاهِقِ يُخَيِّمُ عَلَيْهَا ضَبَابٌ خَفِيفٌ، وَظَهَرَ سَفْحُهُ الْمُنْحَدِرُ وَقَدْ تَنَاثَرَتْ عَلَيْهِ أَشْجَارٌ سَامِقَةٌ وَصُخُورٌ نَاتِئَةٌ.

أَخِيرًا، وَصَلَ مهاب إِلَى قِمَّةِ الْجَبَلِ وَكَانَ الْجَوُّ بَارِدًا جِدًّا، فَسَارَ بَيْنَ الصُّخُورِ إِلَى أَنْ أَبْصَرَ الْخِنْزِيرَ الْبَرِّيَّ. كَانَ أَسْوَدَ اللَّوْنِ مُخِيفًا، رَأْسُهُ ضَخْمٌ غَرِيبُ الشَّكْلِ يَخْرُجُ مِنْهُ قَرْنَانِ قَصِيرَانِ حَادَّانِ، وَعَيْنَاهُ تَبْرُقَانِ بِبَرِيقٍ شَرِسٍ. أَحَسَّ مهاب بِرِجْفَةٍ تَسْرِي فِي أَوْصَالِهِ، لَكِنَّهُ تَذَكَّرَ كَلَامَ الشَّيْخِ، فَأَغْمَضَ عَيْنَيْهِ وَأَخَذَ نَفَسًا عَمِيقًا، ثُمَّ تَقَدَّمَ بِشَجَاعَةٍ.

جَذَبَ مهاب انْتِبَاهَ الْخِنْزِيرِ، فَانْطَلَقَ الْحَيَوَانُ الشَّرِسُ يَرْكُضُ نَحْوَهُ بِسُرْعَةٍ. رَكَضَ الطِّفْلُ الشُّجَاعُ نَحْوَ صَخْرَةٍ ضَخْمَةٍ، وَبَدَا لِوَهْلَةٍ أَنَّهُ يُرِيدُ الْاِصْطِدَامَ بِهَا، لَكِنْ فِي آخِرِ لَحْظَةٍ قَفَزَ قَفْزَةً جَانِبِيَّةً رَشِيقَةً وَهُوَ يَهْتِفُ ضَاحِكًا: «اِنْتَبِهْ أَمَامَكَ»!

اِصْطَدَمَ الْخِنْزِيرُ بِالصَّخْرَةِ الضَّخْمَةِ، فَخَرَّ مَغْشِيًّا

عَلَيْهِ. بَحَثَ مهاب عَنْ مِرْآةِ التَّوَاضُعِ حَتَّى وَجَدَهَا فَوْقَ صَخْرَةٍ مُسْتَدِيرَةٍ، فَأَخَذَهَا وَعَادَ إِلَى الْقَرْيَةِ عَلَى مَتْنِ الطَّائِرِ الْقَوِيِّ. وَعِنْدَمَا وَصَلَ، سَلَّمَ الْمِرْآةَ لِحَكِيمِ الْقَرْيَةِ، وَعَادَ إِلَى مَنْزِلِهِ مُبْتَهِجًا بِانْتِصَارِهِ فِي مُغَامَرَتِهِ الْأُولَى.

مِرآةُ الصِّدق

فِي صَبَاحِ الْيَوْمِ التَّالِي، قَالَ الشَّيْخُ لِمهاب:

ـ وِجْهَتُكَ الثَّانِيَةُ هِيَ النَّهْرُ جَنُوبَ شَرْقِ الْقَرْيَةِ، حَيْثُ سَتُوَاجِهُ التِّمْسَاحَ وَتَحْصُلُ عَلَى مِرْآةِ الصِّدْقِ الَّتِي سَتُسَاعِدُكَ فِي هَزِيمَةِ الْعِمْلَاقِ الْكَذَّابِ.

وَسَكَتَ الشَّيْخُ هُنَيْهَةً، ثُمَّ تَابَعَ قَائِلًا:

ـ الصِّدْقُ خُلُقٌ ضَرُورِيٌّ وَمَبْدَأٌ أَسَاسِيٌّ فِي الْحَيَاةِ يَا بُنَيَّ، فَإِنَّ جَمَالَ الْعَقْلِ بِالْفِكْرِ وَإِنَّ جَمَالَ

الْكَلَامِ بِالصِّدْقِ. الْإِنْسَانُ الصَّدُوقُ يَحْظَى بِثِقَةِ النَّاسِ وَاحْتِرَامِهِمْ، أَمَّا الْكَذَّابُ فَسَيَفْتَضِحُ أَمْرُهُ عَاجِلًا أَوْ آجِلًا، وَسَيَخْسَرُ ثِقَةَ النَّاسِ. إِنَّ الْكَذِبَ ضَرْبٌ مِنَ الْخِدَاعِ، وَالْكَذَّابُ عِنْدَمَا يَخْدَعُ الْآخَرِينَ فَهُوَ فِي الْحَقِيقَةِ يَخْدَعُ نَفْسَهُ. كُنْ صَادِقًا مَعَ نَفْسِكَ أَوَّلًا ثُمَّ مَعَ الْآخَرِينَ. لَا يَجِبُ فَقَطْ أَنْ نَتَكَلَّمَ بِالصِّدْقِ، بَلْ يَجِبُ أَنْ نَحْيَا بِالصِّدْقِ، فَالصِّدْقُ نُبْلٌ وَشَهَامَةٌ، وَالْكَذِبُ لُؤْمٌ وَدَنَاءَةٌ. وَتَذَكَّرْ أَنَّ الصِّدْقَ هُوَ أُولَى الْخُطُوَاتِ فِي طَرِيقِ الْحِكْمَةِ، وَكَمَا قَالَ الشَّاعِرُ:

الصِّدْقُ مِنْ كَرَمِ الطِّبَاعِ وَطَالَمَا

جَاءَ الْكَذُوبُ بِخَجْلَةٍ وَوُجُومِ

أَوْمَأَ مهاب بِرَأْسِهِ مُوَافِقًا، ثُمَّ تَسَاءَلَ قَائِلًا:

ـ وَلَكِنْ يَا عَمَّاهْ لِمَاذَا لَا يَمْلَأُ النَّاسُ الْمَاءَ مِنَ النَّهْرِ؟

أُعْجِبَ الشَّيْخُ بِفِطْنَةِ مهاب، فَأَجَابَهُ قَائِلًا:

ـ سُؤَالٌ ذَكِيٌّ يَدُلُّ عَلَى النَّبَاهَةِ يَا بُنَيَّ. إِنَّ النَّهْرَ لِلْأَسَفِ مُلَوَّثٌ وَيَعِجُّ بِالثَّعَابِينِ وَالتَّمَاسِيحِ. خَارِجَ الْقَرْيَةِ سَتَجِدُ غَزَالًا يُوصِلُكَ إِلَى النَّهْرِ، وَقَبْلَ أَنْ تَذْهَبَ دَعْنِي أُقَدِّمْ لَكَ بَعْضَ الْمَعْلُومَاتِ عَنِ الْغَزَالِ وَالتِّمْسَاحِ.

يَعِيشُ الْغَزَالُ فِي الْجِبَالِ وَالسُّهُولِ وَالْغَابَاتِ الْمُمْطِرَةِ، وَهُوَ حَيَوَانٌ نَبَاتِيٌّ يَقْضِي النَّهَارَ فِي الْبَحْثِ عَنْ غِذَائِهِ مِنْ نَبَاتَاتٍ وَأَعْشَابٍ، وَيَجْتَرُّ غِذَاءَهُ مِثْلَمَا تَفْعَلُ الْبَقَرَةُ. تَسْقُطُ قُرُونُ الْغَزَالِ مَرَّةً فِي السَّنَةِ وَتُعَوَّضُ بِقُرُونٍ جَدِيدَةٍ.

التِّمْسَاحُ حَيَوَانٌ زَاحِفٌ لَاحِمٌ مِنْ ذَوَاتِ الدَّمِ الْبَارِدِ. جِلْدُهُ خَشِنٌ يَتَكَوَّنُ مِنْ حَرَاشِفَ صُلْبَةٍ مَتِينَةٍ، وَلَهُ فَكٌّ ضَخْمٌ قَوِيٌّ جِدًّا، لَكِنَّهُ لَا يَسْتَطِيعُ تَحْرِيكَ الْجُزْءِ السُّفْلِيِّ مِنْ فَكِّهِ. يَقْبِضُ التِّمْسَاحُ عَلَى فَرِيسَتِهِ بِفَكِّهِ الْقَوِيِّ وَيَزْدَرِدُهَا كَامِلَةً ثُمَّ يَهْضِمُهَا. وَيَسْتَطِيعُ التِّمْسَاحُ أَنْ يَبْقَى شُهُورًا دُونَ غِذَاءٍ.

خَرَجَ مهاب مُتَّجِهًا جَنُوبَ شَرْقِ الْقَرْيَةِ، وَوَجَدَ غَزَالًا فِي انْتِظَارِهِ. كَانَ الْغَزَالُ بُنِّيَّ اللَّوْنِ ظَرِيفَ الْجِسْمِ، رَأْسُهُ مُتَوَسِّطُ الْحَجْمِ يَخْرُجُ مِنْهُ قَرْنَانِ قَوِيَّانِ مُتَشَعِّبَانِ، وَقَوَائِمُهُ نَحِيفَةٌ رَشِيقَةٌ. رَكِبَهُ مهاب وَتَشَبَّثَ بِقَرْنَيْهِ جَيِّدًا، فَانْطَلَقَ الْغَزَالُ يَنُطُّ بِخِفَّةٍ وَرَشَاقَةٍ. أَخِيرًا، وَصَلَ مهاب إِلَى النَّهْرِ حَيْثُ

يُوجَدُ التِّمْسَاحُ الضَّخْمُ. فَنَزَلَ مِنْ ظَهْرِ الْغَزَالِ وَرَبَّتَ عَلَيْهِ، ثُمَّ تَقَدَّمَ بِحَذَرٍ نَحْوَ ضِفَّةِ النَّهْرِ بَاحِثًا عَنِ الْحَيَوَانِ الزَّاحِفِ الشَّرِسِ. كَانَ مَجْرَى النَّهْرِ عَرِيضًا وَمُتَعَرِّجًا، يَنْسَابُ مَاؤُهُ بِرِفْقٍ تَارَةً وَكَالسَّيْلِ تَارَةً أُخْرَى، فِيهِ صُخُورٌ مُتَنَاثِرَةٌ هُنَا وَهُنَاكَ، وَعَلَى ضِفَّتَيْهِ أَشْجَارٌ خَضْرَاءُ ظَلِيلَةٌ.

رَأَى مهاب التِّمْسَاحَ قَابِعًا عَلَى ضِفَّةِ النَّهْرِ فِي خُمُولٍ، وَلَمَحَ مِرْآةَ الصِّدْقِ فَوْقَ صَخْرَةٍ وَسَطَ مَجْرَى النَّهْرِ. أَخْرَجَ مهاب مِنْ جِرَابِهِ حَبْلًا مَتِينًا، وَتَقَدَّمَ إِلَى التِّمْسَاحِ بِشَجَاعَةٍ وَخِفَّةٍ. انْتَبَهَ التِّمْسَاحُ وَتَفَطَّنَ إِلَى وُجُودِ مهاب، فَزَحَفَ نَحْوَهُ بِسُرْعَةٍ مُمَنِّيًا نَفْسَهُ بِفَرِيسَةٍ سَهْلَةٍ. انْتَظَرَ مهاب إِلَى أَنْ صَارَ التِّمْسَاحُ قَابَ قَوْسَيْنِ، وَفِي اللَّحْظَةِ الْأَخِيرَةِ قَفَزَ

فَوْقَ ظَهْرِهِ، ثُمَّ أَمْسَكَ الْحَبْلَ بِكِلْتَيْ يَدَيْهِ، وَأَحَاطَ بِهِ فَكَّ الْوَحْشِ الزَّاحِفِ وَرَبَطَهُ بِإِحْكَامٍ هَاتِفًا: «أُعْذُرْنِي، لَكِنَّنِي مُضْطَرٌّ إِلَى تَقْيِيدِكَ بَعْضَ الْوَقْتِ».

ثُمَّ قَفَزَ عَنْ ظَهْرِ التِّمْسَاحِ. اِنْتَفَضَ الْحَيَوَانُ الضَّخْمُ وَأَخَذَ يَتَلَوَّى يَمِينًا وَشِمَالًا مُحَاوِلًا التَّخَلُّصَ مِنَ الْقَيْدِ، بَيْنَمَا تَأَمَّلَ مهاب النَّهْرَ لِيَتَأَكَّدَ مِنْ عَدَمِ وُجُودِ ثَعَابِينَ أَوْ تَمَاسِيحَ أُخْرَى قَرِيبَةٍ. ثُمَّ شَمَّرَ عَنْ سَاقَيْهِ وَدَخَلَ مَجْرَى النَّهْرِ مُحَاذِرًا، وَأَخَذَ مِرْآةَ الصِّدْقِ وَوَضَعَهَا فِي جِرَابِهِ بِرِفْقٍ. بَعْدَ ذَلِكَ، رَجَعَ إِلَى التِّمْسَاحِ وَقَالَ ضَاحِكًا: «أُكَرِّرُ اعْتِذَارِي، هَيَّا تَمَتَّعْ بِحُرِّيَّتِكَ». وَحَرَّرَهُ مِنْ قَيْدِهِ، فَأَسْرَعَ التِّمْسَاحُ مَذْعُورًا نَحْوَ النَّهْرِ وَاخْتَفَى تَحْتَ سَطْحِهِ. زَفَرَ مهاب بِارْتِيَاحٍ وَسَعَادَةٍ، ثُمَّ رَكِبَ الْغَزَالَ وَعَادَ إِلَى

الْقَرْيَةِ، وَتَرَكَ الْمِرْآةَ عِنْدَ الشَّيْخِ الْحَكِيمِ ثُمَّ عَادَ إِلَى مَنْزِلِهِ رَاضِيًا.

***

مرآة الرّجاحة

فِي صَبَاحِ الْيَوْمِ التَّالِي، قَالَ حَكِيمُ الْقَرْيَةِ لِمهاب:

ـ وِجْهَتُكَ الثَّالِثَةُ هِيَ الْغَابَةُ غَرْبَ الْقَرْيَةِ، حَيْثُ سَتُوَاجِهُ دُبَّ الْغَابَةِ وَتَحْصُلُ عَلَى مِرْآةِ الرَّجَاحَةِ الَّتِي سَتُسَاعِدُكَ فِي هَزِيمَةِ الْعِمْلَاقِ الْمُتَسَرِّعِ. اعْلَمْ يَا بُنَيَّ أَنَّ التَّسَرُّعَ عَلَامَةٌ عَلَى خِفَّةِ الْعَقْلِ، وَأَنَّ التَّأَنِّي عَلَامَةٌ عَلَى رَجَاحَةِ الْعَقْلِ. الْإِنْسَانُ الْكَيِّسُ يَتَزَيَّنُ بِالرَّجَاحَةِ وَالْأَخْلَاقِ الْحَسَنَةِ كَالتَّوَاضُعِ وَالصِّدْقِ

وَالْأَمَانَةِ. لَا تَتَخَلَّ عَنْ مَبَادِئِكَ الْأَخْلَاقِيَّةِ مَهْمَا كَانَتِ الظُّرُوفُ صَعْبَةً، فَالْمَبَادِئُ تَبْقَى ثَابِتَةً حَتَّى وَإِنْ تَغَيَّرَتِ الظُّرُوفُ. تَمَسُّكُكَ بِمَبَادِئِكَ يَمْنَحُكَ هَيْبَةً وَعَزِيمَةً، فَالْأَخْلَاقُ مَنْبَعُ الْقُوَّةِ وَالسَّعَادَةِ. سِرْ فِي حَيَاتِكَ مُلْتَزِمًا بِالْمَبَادِئِ الْأَخْلَاقِيَّةِ النَّبِيلَةِ وَكُنْ شَهْمًا مُبَادِرًا. وَكَمَا قَالَ الشَّاعِرُ:

لَيْسَ الْجَمَالُ بِأَثْوَابٍ تُزَيِّنُنَا

إِنَّ الْجَمَالَ جَمَالُ الْعِلْمِ وَالْأَدَبِ

سَكَتَ الشَّيْخُ بُرْهَةً، ثُمَّ تَابَعَ قَائِلًا:

ـ يَنْتَظِرُكَ خَارِجَ الْقَرْيَةِ فِيلٌ وَدِيعٌ سَيُقِلُّكَ إِلَى كَهْفِ الدُّبِّ وَسَطَ الْغَابَةِ، وَقَبْلَ أَنْ تَذْهَبَ دَعْنِي أُقَدِّمْ لَكَ بَعْضَ الْمَعْلُومَاتِ عَنِ الْفِيلِ وَالدُّبِّ.

الْفِيلُ حَيَوَانٌ عَاشِبٌ مُعَمِّرٌ وَهُوَ أَضْخَمُ حَيَوَانٍ بَرِّيٍّ. أُذُنَاهُ الْكَبِيرَتَانِ تَمْنَحَانِهِ حَاسَّةَ سَمْعٍ قَوِيَّةً، وَيَسْتَعْمِلُ خُرْطُومَهُ فِي الْحُصُولِ عَلَى غِذَائِهِ مِنَ الْأَشْجَارِ وَالنَّبَاتَاتِ، تُسَاعِدُهُ فِي ذَلِكَ أَنْيَابُهُ الْعَاجِيَّةُ. الْفِيلُ حَيَوَانٌ ذَكِيٌّ لَهُ ذَاكِرَةٌ قَوِيَّةٌ، إِنَّهُ يَتَذَكَّرُ الطُّرُقَ وَأَمَاكِنَ الْمِيَاهِ الَّتِي ذَهَبَ إِلَيْهَا وَلَوْ كَانَتْ نَائِيَةً. وَهُوَ حَيَوَانٌ حَسَّاسٌ يَحْزَنُ لِمَوْتِ أَحَدِ أَفْرَادِ عَائِلَتِهِ وَيَبْقَى حِذْوَ جُثَّتِهِ يَبْكِيهِ.

الدُّبُّ الْبُنِّيُّ حَيَوَانٌ كَالِشٌ شَرِسٌ يَسِيرُ عَلَى أَرْبَعٍ، وَقَائِمَتَاهُ الْخَلْفِيَّتَانِ قَوِيَّتَانِ فَيَسْتَطِيعُ أَنْ يَقِفَ عَلَيْهَا بِثَبَاتٍ. لَهُ أَنْيَابٌ وَمَخَالِبُ حَادَّةٌ، وَيَسْتَطِيعُ تَسَلُّقَ الْأَشْجَارِ. فِي فَصْلِ الْخَرِيفِ يَأْكُلُ بِنَهَمٍ شَدِيدٍ وَيَزْدَادُ وَزْنُهُ اسْتِعْدَادًا لِمَرْحَلَةِ الْبَيَاتِ

الشَّتْوِيِّ. وَحِينَ يَأْتِي الشِّتَاءُ بِبَرْدِهِ وَصَقِيعِهِ، يَقْبَعُ الدُّبُّ دَاخِلَ وَكْرِهِ فِي خُمُولٍ إِلَى أَنْ يَنْقَضِيَ الْبَرْدُ وَيَحُلَّ الدِّفْءُ.

خَرَجَ مهاب مُتَوَجِّهًا غَرْبًا، فَوَجَدَ فِيلًا فِي انْتِظَارِهِ. كَانَ الْفِيلُ ضَخْمَ الْجُثَّةِ رَمَادِيَّ اللَّوْنِ، أُذُنَاهُ كَبِيرَتَانِ، لَهُ خُرْطُومٌ طَوِيلٌ وَنَابَانِ بَيْضَاوَانِ قَوِيَّانِ. رَكِبَ مهاب الْفِيلَ وَانْطَلَقَ نَحْوَ الْغَابَةِ.

الشَّمْسُ سَاطِعَةٌ وَأَشِعَّتُهَا دَافِئَةٌ، وَالسَّمَاءُ زَرْقَاءُ صَافِيَةٌ تَسْبَحُ فِيهَا بَعْضُ السُّحُبِ الْبَيْضَاءِ الْخَفِيفَةِ. دَخَلَ الْفِيلُ الْغَابَةَ، فَأَحَاطَتْ بمهاب مِنْ كُلِّ جَانِبٍ أَشْجَارٌ بَاسِقَةٌ ظَلِيلَةٌ، جُذُوعُهَا صُلْبَةٌ، وَأَغْصَانُهَا مُورِقَةٌ مُتَشَابِكَةٌ تَنْفُذُ مِنْهَا أَشِعَّةُ الشَّمْسِ مُتَلَأْلِئَةً. مَرَّرَ مهاب يَدَهُ بَيْنَ أَوْرَاقِ الْأَشْجَارِ يُدَاعِبُهَا

بِأَصَابِعِهِ، وَلَمْ يُفِقْ مِنْ جَمَالِ الْمَنَاظِرِ الْخَلَّابَةِ إِلَّا وَقَدْ وَصَلَ الْفِيلُ إِلَى كَهْفِ الدُّبِّ الْبُنِّيِّ الشَّرِسِ.

تَوَقَّفَ الْفِيلُ، فَنَزَلَ مهاب مِنْ فَوْقِهِ وَقَدْ قَرَّرَ أَنْ يَجْذِبَ انْتِبَاهَ الدُّبِّ الشَّرِهِ بِأَنْ يَصُبَّ كَمِّيَّةً مِنَ الْعَسَلِ فَوْقَ صَخْرَةٍ قَرِيبَةٍ مِنَ الْكَهْفِ. فَأَخْرَجَ عُلْبَةَ الْعَسَلِ الَّتِي أَهْدَاهَا إِيَّاهُ حَكِيمُ الْقَرْيَةِ، لَكِنَّهُ تَفَطَّنَ إِلَى أَنَّ هَذِهِ الْكَمِّيَّةَ قَلِيلَةٌ، ثُمَّ إِنَّ عُلْبَةَ الْعَسَلِ هَدِيَّةٌ، وَالْهَدِيَّةُ لَا يُفَرَّطُ فِيهَا. تَجَوَّلَ بَيْنَ الْأَشْجَارِ حَتَّى عَثَرَ عَلَى خَلِيَّةِ نَحْلٍ مَهْجُورَةٍ، فَقَطَعَهَا وَأَخَذَهَا إِلَى صَخْرَةٍ قَرِيبَةٍ مِنْ كَهْفِ الدُّبِّ وَأَفْرَغَ الْعَسَلَ وَالشَّهْدَ فَوْقَهَا، ثُمَّ اخْتَبَأَ وَرَاءَ شَجَرَةٍ ضَخْمَةٍ بِجَانِبِ الْكَهْفِ.

فَاحَتْ رَائِحَةُ الْعَسَلِ الزَّكِيَّةُ وَانْتَشَرَتْ إِلَى أَنْ

الْتَقَطَهَا أَنْفُ الدُّبِّ الشَّرِهِ، فَنَهَضَ وَخَرَجَ مِنْ كَهْفِهِ بَاحِثًا عَنِ الْعَسَلِ. كَانَ الدُّبُّ بُنِّيًّا كَبِيرًا، قَوَائِمُهُ ضَخْمَةٌ قَوِيَّةٌ، وَبَرُهُ كَثِيفٌ أَشْعَثُ، رَأْسُهُ كَبِيرٌ، وَأُذُنَاهُ صَغِيرَتَانِ. اِنْتَظَرَ مِهَابٌ بِصَبْرٍ حَتَّى انْهَمَكَ الدُّبُّ فِي أَكْلِ الْعَسَلِ وَالشَّهْدِ، ثُمَّ دَخَلَ إِلَى الْكَهْفِ وَبَحَثَ عَنْ مِرْآةِ الرَّجَاحَةِ إِلَى أَنْ وَجَدَهَا فِي رُكْنٍ خَلْفِيٍّ، فَأَخَذَهَا وَخَرَجَ مِنَ الْكَهْفِ وَقَالَ ضَاحِكًا: «اِسْتَمْتِعْ بِوَجْبَتِكَ الشَّهِيَّةِ أَيُّهَا الدُّبُّ النَّهِمُ، لَكِنَّكَ سَتَتَفَاجَأُ عِنْدَمَا تَعُودُ إِلَى كَهْفِكَ». ثُمَّ رَكِبَ الْفِيلَ وَعَادَ أَدْرَاجَهُ إِلَى الْقَرْيَةِ مَسْرُورًا، وَقَدَّمَ الْمِرْآةَ لِلشَّيْخِ وَعَادَ إِلَى مَنْزِلِهِ.

* * *

مِرآة المسؤوليّة

فِي صَبَاحِ الْيَوْمِ التَّالِي، قَالَ حَكِيمُ الْقَرْيَةِ لِمهاب:

ـ وِجْهَتُكَ الرَّابِعَةُ هِيَ الصَّحْرَاءُ جَنُوبَ الْقَرْيَةِ، حَيْثُ سَتُوَاجِهُ الْعَنْكَبُوتَ الضَّخْمَ السَّامَّ وَتَحْصُلُ عَلَى مِرآةِ الْمَسْؤُولِيَّةِ الَّتِي سَتُسَاعِدُكَ فِي هَزِيمَةِ الْعِمْلَاقِ الطَّائِشِ.

وَسَكَتَ هُنَيْهَةً، ثُمَّ تَابَعَ قَائِلًا:

ـ إِنَّ حُسْنَ التَّصَرُّفِ هُوَ السَّبِيلُ إِلَى النَّجَاحِ يَا بُنَيَّ، وَإِنَّ الطَّيْشَ يَرْمِي بِكَ فِي مُسْتَنْقَعِ الْفَشَلِ. اِعْلَمْ أَنَّ حَيَاتَكَ نَتِيجَةٌ لِأَفْكَارِكَ وَقَرَارَاتِكَ، فَأَنْتَ تُقَرِّرُ أَنْ تَعِيشَ حَيَاةً مِنَ النَّجَاحِ وَالسَّعَادَةِ أَوْ حَيَاةً مِنَ الْفَشَلِ وَالتَّعَاسَةِ. يَجِبُ أَنْ تَكُونَ مَسْؤُولًا عَنْ حَيَاتِكَ وَعَنْ أَفْعَالِكَ، فَإِذَا فَشِلْتَ فِي أَمْرٍ مَا، لَا تَلُمْ أَحَدًا وَلَا تَرْمِ فَشَلَكَ عَلَى عَاتِقِ غَيْرِكَ، بَلْ تَمَاسَكْ وَتَحَمَّلْ الْمَسْؤُولِيَّةَ وَابْحَثْ عَنِ الْأَسْبَابِ الْحَقِيقِيَّةِ الَّتِي جَعَلَتْكَ تَفْشَلُ وَتَعَلَّمْ مِنْهَا دَرْسًا، ثُمَّ أَبْدِلْ أَفْكَارَكَ السَّلْبِيَّةَ بِأَفْكَارٍ إِيجَابِيَّةٍ وَوَاصِلْ طَرِيقَكَ، هَكَذَا تَنْتَصِرُ عَلَى فَشَلِكَ وَتَتَقَدَّمُ نَحْوَ النَّجَاحِ بِثَبَاتٍ. وَتَذَكَّرْ دَوْمًا أَنَّ النَّجَاحَ الَّذِي يَتَحَقَّقُ بِالْغِشِّ وَالتَّلَاعُبِ هُوَ نَجَاحٌ زَائِفٌ لَا يُسْتَلَذُّ وَلَا

يُسْتَطَابُ. خُذْ بِزِمَامِ أُمُورِكَ وَلَا تَتْرُكْ أَحَدًا يَتَحَكَّمُ فِي حَيَاتِكَ. لَقَدْ جَعَلَ اللهُ الْمَاءَ سَبَبًا ضَرُورِيًّا لِحَيَاةِ الْمَخْلُوقَاتِ، فَكُنْ أَنْتَ كَالْمَاءِ إِنْسَانًا ضَرُورِيًّا فِي الْحَيَاةِ، إِنْسَانٌ يَفْعَلُ الْخَيْرَ وَيُعَمِّرُ الْأَرْضَ. قَالَ الشَّاعِرُ:

عَلَى قَدْرِ أَهْلِ الْعَزْمِ تَأْتِي الْعَزَائِمُ
وَتَأْتِي عَلَى قَدْرِ الْكِرَامِ الْمَكَارِمُ

ثُمَّ قَدَّمَ لِمِهاب قَارُورَةَ مَاءٍ وَقَالَ:

ـ سَتَجِدُ خَارِجَ الْقَرْيَةِ جَمَلًا يُقِلُّكَ عَبْرَ الصَّحْرَاءِ. وَخُذْ مَعَكَ قَارُورَةَ الْمَاءِ لِأَنَّكَ سَتَعْطَشُ كَثِيرًا فِي طَرِيقِكَ وَسَطَ الصَّحْرَاءِ الْقَاحِلَةِ. لَكِنْ قَبْلَ أَنْ تَذْهَبَ دَعْنِي أُقَدِّمْ لَكَ بَعْضَ الْمَعْلُومَاتِ عَنِ الْجَمَلِ وَالْعَنْكَبُوتِ.

لِلْجَمَلِ الْعَرَبِيِّ سَنَامٌ وَاحِدٌ، وَلِلْجَمَلِ الْآسِيَوِيِّ سَنَامَانِ. يَشْرَبُ الْجَمَلُ كَمِّيَّةً كَبِيرَةً مِنَ الْمَاءِ تَكْفِيهِ مُدَّةً طَوِيلَةً، وَيُخَزِّنُ فِي سَنَامِهِ كَمِّيَّةً مِنَ الشُّحُومِ يَسْتَهْلِكُهَا عِنْدَمَا لَا يَجِدُ غِذَاءً وَمَاءً، فَهُوَ حَيَوَانٌ صَبُورٌ. يَسِيرُ الْجَمَلُ بِطَرِيقَةٍ عَجِيبَةٍ، فَهُوَ يُحَرِّكُ قَائِمَتَيْهِ مِنَ الْجَانِبِ الْأَيْمَنِ ثُمَّ قَائِمَتَيْهِ مِنَ الْجَانِبِ الْأَيْسَرِ. وَيُوجَدُ حَيَوَانَانِ آخَرَانِ يَسِيرَانِ بِهَذِهِ الطَّرِيقَةِ هُمَا الزَّرَافَةُ وَالْقِطُّ.

عَلَى عَكْسِ الْحَشَرَاتِ الَّتِي تَمْلِكُ سِتَّ قَوَائِمَ وَقَرْنَيِ اسْتِشْعَارٍ، لِلْعَنَاكِبِ ثَمَانُ قَوَائِمَ وَلَيْسَ لَهَا قُرُونُ اسْتِشْعَارٍ. تُوجَدُ أَنْوَاعٌ كَثِيرَةٌ مِنَ الْعَنَاكِبِ مُخْتَلِفَةُ الْأَحْجَامِ وَالْأَلْوَانِ، لَكِنِ الْقَلِيلُ مِنْهَا فَقَطْ لَهُ سُمٌّ يَضُرُّ بِصِحَّةِ الْإِنْسَانِ كَالْعَنْكَبُوتِ الْمَعْرُوفَةِ

بِاسْمِ الْأَرْمَلَةِ السَّوْدَاءِ. الْعَنَاكِبُ سَرِيعَةُ التَّنَقُّلِ، لَكِنَّ نَظَرَهَا قَصِيرُ الْمَدَى فَهِيَ لَا تَسْتَطِيعُ رُؤْيَةَ الْأَشْيَاءِ الْبَعِيدَةِ عَنْهَا.

خَرَجَ مهاب مُتَوَجِّهًا جَنُوبًا، وَوَجَدَ خَارِجَ الْقَرْيَةِ سَفِينَةَ الصَّحْرَاءِ فِي انْتِظَارِه. كَانَ الْجَمَلُ بُنِّيَّ اللَّوْنِ، قَوِيَّ الْبِنْيَةِ، فَوْقَ ظَهْرِه سَنَامٌ كَبِيرٌ، عُنُقُه طَوِيلٌ، ذَيْلُه قَصِيرٌ، وَقَوَائِمُه طَوِيلَةٌ قَوِيَّةٌ.

رَكِبَ مهاب الْجَمَلَ، فَنَهَضَ بِبُطْءٍ وَسَارَ مُتَهَادِيًا، وَمَا إِنْ دَخَلَ الصَّحْرَاءَ الْمُقْفِرَةَ حَتَّى لَفَحَتْ مهاب نَسَمَاتٌ حَارَّةٌ. امْتَدَّتِ الصَّحْرَاءُ شَاسِعَةً مُتَرَامِيَةَ الْأَطْرَافِ، رِمَالُهَا ذَهَبِيَّةٌ وَكُثْبَانُهَا قَاحِلَةٌ مُتَفَاوِتَةُ الِارْتِفَاعِ. الشَّمْسُ مُلْتَهِبَةٌ، وَالْهَوَاءُ الْحَارُّ يَهُبُّ بِصَفِيرٍ حَادٍّ حَامِلًا مَعَه حَبَّاتِ الرَّمْلِ. أَخْرَجَ مهاب

مِنْدِيلَهُ وَبَلَّلَهُ بِالْمَاءِ وَلَفَّهُ حَوْلَ رَأْسِهِ وَوَجْهِهِ، ثُمَّ حَثَّ دَابَّتَهُ الْمُطِيعَةَ عَلَى الْإِسْرَاعِ. بَعْدَ سَاعَةٍ مِنَ السَّيْرِ، أَبْصَرَ مهاب بَيْتَ الْعَنْكَبُوتِ مَشْدُودًا إِلَى نَبْتَتَيْ حَنْظَلٍ عَظِيمَتَيْنِ، وَرَأَى الْعَنْكَبُوتَ الضَّخْمَ قَابِعًا بِسُكُونٍ وَسَطَ خُيُوطِ بَيْتِهِ. كَانَ أَسْوَدَ اللَّوْنِ، مُخِيفَ الْمَنْظَرِ، قَوَائِمُهُ طَوِيلَةٌ مُنْثَنِيَةٌ، وَيَكْسُو جِسْمَهُ وَبَرٌ أَشْعَثُ. أَنَاخَ مهاب دَابَّتَهُ وَنَزَلَ مِنْ فَوْقِهَا، وَتَأَمَّلَ خَصْمَهُ عَنْ بُعْدٍ. ثُمَّ أَخْرَجَ مِنْ جِرَابِهِ عَصًا غَلِيظَةً، وَتَسَلَّلَ بِحَذَرٍ حَوْلَ النَّبْتَتَيْنِ وَخَلْفَ بَيْتِ الْعَنْكَبُوتِ، ثُمَّ اقْتَرَبَ مِنْهُ بِهُدُوءٍ وَمَزَّقَ خُيُوطَهُ بِضَرْبَةٍ قَوِيَّةٍ قَائِلًا بِمَرَحٍ: «اِحْذَرْ أَنْ تَسْقُطَ عَلَى رَأْسِكَ أَيُّهَا الْعَنْكَبُوتُ السَّمِينُ». تَرَنَّحَ الْعَنْكَبُوتُ الضَّخْمُ وَسَقَطَ مُتَخَبِّطًا فِي خُيُوطِهِ

اللَّزِجَةِ، وَسَقَطَتْ مِرْآةُ الْمَسْؤُولِيَّةِ بَيْنَ الرِّمَالِ عَلَى مَقْرُبَةٍ مِنْ مِهَابٍ، فَقَفَزَ بِخِفَّةٍ وَاخْتَطَفَهَا وَابْتَعَدَ بِسُرْعَةٍ قَبْلَ أَنْ يَسْتَعِيدَ الْعَنْكَبُوتُ تَوَازُنَهُ.

رَكِبَ مِهَابٌ الْجَمَلَ عَائِدًا إِلَى الْقَرْيَةِ وَعَلَى شَفَتَيْهِ ابْتِسَامَةُ انْتِصَارٍ، ثُمَّ تَرَكَ الْمِرْآةَ عِنْدَ الشَّيْخِ وَعَادَ إِلَى مَنْزِلِهِ.

٭ ٭ ٭

مرآة القناعة

فِي صَبَاحِ الْيَوْمِ التَّالِي، قَالَ الشَّيْخُ لِمهاب:

- وِجْهَتُكَ الْخَامِسَةُ هِيَ الْبَحْرُ شَمَالَ الْقَرْيَةِ، حَيْثُ سَتُوَاجِهُ الْقِرْشَ وَتَحْصُلُ عَلَى مِرْآةِ الْقَنَاعَةِ الَّتِي سَتُسَاعِدُكَ فِي هَزِيمَةِ الْعِمْلَاقِ الْحَسُودِ. إِنَّ الْحَسَدَ يَا بُنَيَّ يَأْكُلُ صَاحِبَهُ كَمَا تَأْكُلُ النَّارُ الْحَطَبَ، فَلَا تُقَارِنْ نَفْسَكَ بِغَيْرِكَ بَلِ اطْمَحْ أَنْ تُحَسِّنَ مِنْ ذَاتِكَ وَتُطَوِّرَ مَهَارَاتِكَ. وَلَا تُحَاوِلْ أَنْ تَكُونَ أَفْضَلَ مِنْ غَيْرِكَ بَلْ حَاوِلْ دَوْمًا أَنْ تَكُونَ

أَفْضَلَ مِنْ نَفْسِكَ، فَالْعُقُولُ تَصْغُرُ عِنْدَمَا تَنْشَغِلُ بِالْآخَرِينَ وَتَعْظُمُ عِنْدَمَا تَنْشَغِلُ بِذَاتِهَا. كُنْ قَنُوعًا وَاسْتَمْتِعْ بِمَا تَمْلِكُهُ وَلَوْ كَانَ قَلِيلًا، وَلَا تَنْظُرْ إِلَى مَا عِنْدَ غَيْرِكَ، فَالسَّعَادَةُ لَيْسَتْ فِي الْحُصُولِ عَلَى مَا لَا نَمْلِكُ، بَلْ هِيَ أَنْ نَعْرِفَ قِيمَةَ مَا نَمْلِكُ، وَأَنْ نَفْعَلَ الْخَيْرَ دَوْمًا. وَأَسْعَدُ إِنْسَانٍ هُوَ مَنْ يَعْرِفُ كَيْفَ يَسْتَمْتِعُ بِالْأَشْيَاءِ الْبَسِيطَةِ وَالْأَحْدَاثِ الْيَوْمِيَّةِ الْعَادِيَّةِ. وَاعْلَمْ أَنَّ أَكْثَرَ الْأَشْيَاءِ جَمَالًا لَا تَحْتَاجُ مَالًا: كَالْأَصْدِقَاءِ وَالْابْتِسَامَةِ وَالذَّكَرَيَاتِ الْجَمِيلَةِ. وَتَذَكَّرْ أَنَّ الْمَاءَ يَبْقَى مَاءً سَوَاءً شَرِبْتَهُ فِي كُوبٍ مِنَ الذَّهَبِ أَوْ فِي كُوبٍ مِنَ الْخَزَفِ، فَكُنْ كَالْمَاءِ الَّذِي لَا يَتَأَثَّرُ بِالْمَظَاهِرِ. وَقَدْ قَالَ الشَّاعِرُ وَاصِفًا حَالَ الْحَسُودِ:

اِصْبِرْ عَلَى كَيْدِ الْحَسُودِ

فَإِنَّ صَبْرَكَ يَغْلِبُهْ

كَالنَّارِ تَأْكُلُ بَعْضَهَا إِنْ

لَمْ تَجِدْ مَا تَأْكُلُهْ

عِنْدَمَا تَصِلُ إِلَى الشَّاطِئِ شَمَالَ الْقَرْيَةِ، سَتَجِدُ دُلْفِينًا مُطِيعًا يَأْخُذُكَ إِلَى حَيْثُ يُوجَدُ الْقِرْشُ الْمُفْتَرِسُ. وَدَعْنِي أُقَدِّمْ لَكَ بَعْضَ الْمَعْلُومَاتِ عَنِ الدُّلْفِينِ وَالْقِرْشِ.

الدُّلْفِينُ حَيَوَانٌ ثَدْيِيٌّ نَشِيطٌ وَذَكِيٌّ يَتَنَفَّسُ بِرِئَتَيْهِ، وَيُصْدِرُ أَثْنَاءَ تَنَقُّلِهِ ذَبْذَبَاتٍ صَوْتِيَّةً تُسَاعِدُهُ فِي تَعَرُّفِ طَرِيقِهِ وَالْبَحْثِ عَنْ غِذَائِهِ مِنْ أَسْمَاكٍ وَرَخْوِيَّاتٍ. يُقَالُ أَنَّ الدُّلْفِينَ يَنَامُ بِعَيْنٍ وَاحِدَةٍ، وَالْحَقِيقَةُ أَنَّهُ يَنَامُ نَوْمًا جُزْئِيًّا بِعَيْنٍ وَاحِدَةٍ وَبِنِصْفِ

دِمَاغِهِ، فِي حِينِ يَبْقَى النِّصْفُ الآخَرُ يَقِظًا يُنَظِّمُ الْوَظَائِفَ الْحَيَوِيَّةَ كَالْحِفَاظِ عَلَى حَرَارَةِ الْجِسْمِ وَالصُّعُودِ إِلَى سَطْحِ الْمَاءِ لِلتَّنَفُّسِ، بَيْنَمَا تُرَاقِبُ الْعَيْنُ الْمَفْتُوحَةُ مَا يَجْرِي حَوْلَهَا تَحَسُّبًا لِأَيِّ خَطَرٍ.

تُوجَدُ أَنْوَاعٌ كَثِيرَةٌ وَمُخْتَلِفَةٌ مِنْ أَسْمَاكِ الْقِرْشِ. وَالْقِرْشُ سَمَكٌ مُفْتَرِسٌ شَرِسٌ يَتَنَفَّسُ الْهَوَاءَ الْمُذَابَ فِي الْبَحْرِ بِغَلَاصِمِهِ. وَرَغْمَ أَنَّهُ سَبَّاحٌ مَاهِرٌ وَسَرِيعٌ، فَهُوَ لَا يَسْتَطِيعُ السِّبَاحَةَ عَلَى ظَهْرِهِ كَمَا يَفْعَلُ الدُّلْفِينُ. يَفْقِدُ الْقِرْشُ أَسْنَانَهُ الْحَادَّةَ الْقَوِيَّةَ لِيُعَوِّضَهَا دَوْرِيًّا بِأَسْنَانٍ جَدِيدَةٍ. وَلَهُ حَاسَّةُ شَمٍّ خَارِقَةٌ تَجْعَلُهُ قَادِرًا عَلَى اكْتِشَافِ رَائِحَةِ الدَّمِ عَنْ بُعْدِ كِيلُومِتْرَاتٍ.

خَرَجَ مهاب مِنَ الْقَرْيَةِ مُتَّجِهًا نَحْوَ الشَّاطِئِ شَمَالًا. وَفِي طَرِيقِهِ، وَجَدَ جُثَّةَ جَامُوسٍ دَافِئَةً، فَاقْتَطَعَ مِنْهَا قِطْعَةَ لَحْمٍ طَازَجَةً لَفَّهَا وَوَضَعَهَا فِي جِرَابِهِ، ثُمَّ وَاصَلَ طَرِيقَهُ حَتَّى وَصَلَ إِلَى الشَّاطِئِ. كَانَ الشَّاطِئُ نَظِيفًا، رِمَالُهُ صَفْرَاءُ ذَهَبِيَّةٌ، وَأَمْوَاجُ الْبَحْرِ الْهَادِئَةُ تَنْكَسِرُ فَوْقَهُ بِصَوْتٍ خَافِتٍ ثُمَّ تَنْحَسِرُ مُخَلِّفَةً زَبَدًا أَبْيَضَ. دَخَلَ مهاب الْبَحْرَ وَسَبَحَ بِمَهَارَةٍ إِلَى أَنْ وَجَدَ الدُّلْفِينَ الْوَدِيعَ يَقْفِزُ لَاعِبًا. كَانَ رَمَادِيًّا، وَجِلْدُهُ بَرَّاقٌ نَاعِمٌ، فَوْقَ ظَهْرِهِ زَعْنَفَةٌ عَمُودِيَّةٌ، وَفِي جَانِبَيْهِ زَعْنَفَتَانِ أُفُقِيَّتَانِ، وَيُطْلِقُ مِنْ فَمِهِ الطَّوِيلِ النَّحِيفِ أَصْوَاتٍ مَرِحَةً. تَشَبَّثَ مهاب بِزَعْنَفَةِ الدُّلْفِينِ جَيِّدًا، فَانْطَلَقَ الدُّلْفِينُ كَالسَّهْمِ يَشُقُّ أَمْوَاجَ الْبَحْرِ.

مِنْ بَعِيدٍ، لَاحَتْ لِمِهَاب زَعْنَفَةٌ عَمُودِيَّةٌ كَبِيرَةٌ
تَشُقُّ الْأَمْوَاجَ وَتَتَحَرَّكُ فِي شَكْلٍ دَائِرِيٍّ. رَبَّتَ
مِهَاب عَلَى الدُّلْفِينِ فَتَوَقَّفَ عَنِ السِّبَاحَةِ، وَأَخْرَجَ
مِنْ جِرَابِهِ قِطْعَةَ اللَّحْمِ الطَّازَجَةَ وَأَلْقَاهَا بَعِيدًا بَيْنَ
الْأَمْوَاجِ، ثُمَّ رَبَّتَ عَلَى الدُّلْفِينِ مَرَّةً أُخْرَى فَسَبَحَ
مُبْتَعِدًا. بَعْدَ بُرْهَةٍ، تَوَقَّفَتْ زَعْنَفَةُ الْقِرْشِ عَنِ
الْحَرَكَةِ، وَبَدَا أَنَّ الْقِرْشَ قَدِ اكْتَشَفَ وُجُودَ قِطْعَةِ
اللَّحْمِ، فَانْطَلَقَ نَحْوَهَا مُسْرِعًا. رَبَّتَ مِهَاب عَلَى
الدُّلْفِينِ مَرَّةً أُخْرَى فَاتَّجَهَ الْحَيَوَانُ الْمُطِيعُ إِلَى
حَيْثُ كَانَ الْقِرْشُ، ثُمَّ تَوَقَّفَ. وَبَيْنَمَا كَانَ الْقِرْشُ
الضَّخْمُ مُنْهَمِكًا فِي أَكْلِ قِطْعَةِ اللَّحْمِ، أَخَذَ مِهَاب
نَفَسًا عَمِيقًا، وَغَطَسَ تَحْتَ سَطْحِ الْمَاءِ بَاحِثًا عَنْ
مِرْآةِ الْقَنَاعَةِ. فَجْأَةً، أَبْصَرَ الْمِرْآةَ فَوْقَ صَخْرَةٍ

عَالِيَةٍ قَرِيبَةٍ مِنْ سَطْحِ الْمَاءِ، فَسَبَحَ نَحْوَهَا وَأَخَذَهَا وَوَضَعَهَا فِي جِرَابِهِ. ثُمَّ أَخْرَجَ رَأْسَهُ مِنَ الْمَاءِ وَتَنَفَّسَ بِقُوَّةٍ مَالِئًا رِئَتَيْهِ بِالْهَوَاءِ النَّقِيِّ، وَعَادَ إِلَى الدُّلْفِينِ وَرَبَّتَ عَلَيْهِ قَائِلًا بِمَرَحٍ: «هَيَّا يَا صَدِيقِي، لَقَدْ نَجَحْنَا فِي خِدَاعِ الْقِرْشِ الْمُغَفَّلِ». شَارَكَهُ الدُّلْفِينُ فَرَحَهُ بِصَيْحَةٍ مَرِحَةٍ قَصِيرَةٍ، ثُمَّ سَبَحَ عَائِدًا نَحْوَ الشَّاطِئِ. رَجَعَ مهاب إِلَى الْقَرْيَةِ وَأَعْطَى مِرْآةَ الْقَنَاعَةِ لِلشَّيْخِ ثُمَّ عَادَ إِلَى مَنْزِلِهِ مُبْتَهِجًا.

❋ ❋ ❋

٧

مِرآةُ التَّفاؤُل

فِي صَبَاحِ الْيَوْمِ التَّالِي، حَجَبَتْ سُحُبٌ دَاكِنَةٌ كَثِيفَةٌ نُورَ الشَّمْسِ وَزُرْقَةَ السَّمَاءِ، ثُمَّ هَطَلَتِ الْأَمْطَارُ بِغَزَارَةٍ. أَسْرَعَ مهاب نَحْوَ مَنْزِلِ حَكِيمِ الْقَرْيَةِ، فَقَالَ لَهُ الشَّيْخُ:

ـ وِجْهَتُكَ السَّادِسَةُ هِيَ الْكَهْفُ جَنُوبَ غَرْبِ الْقَرْيَةِ، حَيْثُ سَتُوَاجِهُ الْخَفَافِيشَ وَتَحْصُلُ عَلَى مِرآةِ التَّفاؤُلِ الَّتِي سَتُسَاعِدُكَ فِي هَزِيمَةِ الْعِمْلَاقِ الْمُتَشَائِمِ. يَا بُنَيَّ، لَا تَفْقِدِ الْأَمَلَ مَهْمَا كَانَتِ

59

الظُّرُوفُ صَعْبَةٌ، بَلِ اجْتَهِـدْ وَثَابِرْ ثُمَّ تَوَقَّعِ الْخَيْرَ يَأْتِكَ. وَمَهْمَا وَاجَهَتْكَ مَصَاعِبُ تَذَكَّرْ أَنَّ بَعْدَ ظُلَمِ اللَّيْلِ يَنْبَلِجُ نُورُ الْفَجْرِ فَيَغْمُرُ الدُّنْيَا ضِيَاءً وَبَرَكَةً، وَأَنَّ بَعْـدَ عَوَاصِفِ الشِّتَـاءِ يَلُـوحُ جَمَـالُ الرَّبِيعِ فَيَمْلَأُ الدُّنْيَا خُضْرَةً وَبَهْجَةً. إِنَّ الْمُتَشَائِمَ يَنْظُرُ إِلَى النِّصْفِ الْفَارِغِ مِنْ كُوبِ الْمَاءِ، بَيْنَمَا يَنْظُرُ الْمُتَفَائِلُ إِلَى النِّصْفِ الْمَمْلُـوءِ مِنْهُ، وَإِنَّ رُؤْيَةَ الْجَمَالِ نِعْمَةٌ تَمْلِكُهَا الْقُلُـوبُ الطَّيِّبَةُ. يَجِبُ عَلَى الْإِنْسَانِ أَنْ يَسْـتَحِيَ مِنْ تَشَاؤُمِه عِنْدَمَا يَنْظُرُ إِلَى ابْتِسَامَةِ فَقِيرٍ أَوْ مَرِيـضٍ، فَلَا تَحْزَنْ وَابْتَسِـمْ لِلْحَيَاةِ. وَكَمَا قَالَ الشَّاعِرُ:

أَيُّهَا الْمُشْـتَكِي وَمَا بِكَ دَاءُ
كُنْ جَمِيلًا تَرَ الْوُجُودَ جَمِيلا

وَالْآنَ، حَانَ وَقْتُ مُغَامَرَتِكَ. خَارِجَ الْقَرْيَةِ سَتَجِدُ نَعَامَةً تُوصِلُكَ إِلَى مَدْخَلِ كَهْفِ الْخَفَافِيشِ، وَقَبْلَ أَنْ تَذْهَبَ دَعْنِي أُقَدِّمْ لَكَ بَعْضَ الْمَعْلُومَاتِ عَنِ النَّعَامَةِ وَالْخُفَّاشِ.

النَّعَامَةُ طَائِرٌ كَالشُّ، وَهِيَ أَضْخَمُ الطُّيُورِ حَجْمًا. رَغْمَ أَنَّهَا تَمْلِكُ جَنَاحَيْنِ فَهِيَ لَا تَقْدِرُ عَلَى الطَّيَرَانِ بِسَبَبِ ضَخَامَةِ حَجْمِهَا وَثِقَلِ وَزْنِهَا، لَكِنَّهَا تَسْتَطِيعُ الرَّكْضَ بِسُرْعَةٍ كَبِيرَةٍ. وَيُطْلِقُ ذَكَرُ النَّعَامَةِ صَوْتًا هَادِرًا يُشْبِهُ زَئِيرَ الْأَسَدِ.

الْخُفَّاشُ هُوَ الْحَيَوَانُ الثَّدْيِيُّ الْوَحِيدُ الْقَادِرُ عَلَى الطَّيَرَانِ. لَا يَعْتَمِدُ الْخُفَّاشُ عِنْدَ تَنَقُّلِهِ عَلَى حَاسَّةِ الْبَصَرِ بِقَدْرِ مَا يَعْتَمِدُ عَلَى حَاسَّةٍ فَرِيدَةٍ، فَعِنْدَمَا يَطِيرُ يُصْدِرُ ذَبْذَبَاتٍ صَوْتِيَّةً تُحَدِّدُ الْأَشْيَاءَ الَّتِي

تَعْتَرِضُ طَرِيقَهُ وَالْمَسَافَةَ الَّتِي تَفْصِلُهُ عَنْهَا. تُوجَدُ أَنْوَاعٌ عَدِيدَةٌ مِنَ الْخَفَافِيشِ، وَفِي فَصْلِ الشِّتَاءِ، تَدْخُلُ بَعْضُ الْأَنْوَاعِ مَرْحَلَةَ السُّبَاتِ الشِّتَوِيِّ وَتُهَاجِرُ بَعْضُ الْأَنْوَاعِ الْأُخْرَى طَلَبًا لِلدِّفْءِ.

خَرَجَ مهاب مُتَوَجِّهًا جَنُوبَ غَرْبِ الْقَرْيَةِ، فَوَجَدَ نَعَامَةً كَبِيرَةً. جِسْمُهَا أَسْوَدُ ضَخْمٌ بَيْضَاوِيُّ الشَّكْلِ، عُنُقُهَا طَوِيلٌ، عَيْنَاهَا وَاسِعَتَانِ، مِنْقَارُهَا بُنِّيٌّ حَادٌّ، وَقَائِمَتَاهَا طَوِيلَتَانِ قَوِيَّتَانِ. رَكِبَ مهاب النَّعَامَةَ وَتَشَبَّثَ بِعُنُقِهَا جَيِّدًا، فَانْطَلَقَتْ تَعْدُو بِسُرْعَةٍ كَبِيرَةٍ. كَانَ الطَّقْسُ ثَائِرًا، فَالْأَمْطَارُ تَهْطِلُ غَزِيرَةً، وَالرِّيَاحُ تَهُبُّ عَاتِيَةً. وَبَيْنَ الْفَيْنَةِ وَالْأُخْرَى، يَسْطَعُ الْبَرْقُ خَاطِفًا الْأَبْصَارَ، وَيَقْصِفُ الرَّعْدُ صَامًّا الْآذَانَ.

أَخِيـرًا، وَصَلَـتِ النَّعَامَةُ، فَنَـزَلَ مهـاب وَرَبَّتَ عَلَيْهَا. ثُـمَّ أَطَلَّ بِرَأْسِـهِ دَاخِلَ الْكَهْفِ، فَاسْتَقْبَلَتْهُ ظُلْمَـةٌ حَالِكَةٌ. خَطَا بِضْعَ خُطُوَاتٍ وَسَـطَ الظُّلْمَةِ، ثُـمَّ أَخْرَجَ مِنْ جِرَابِهِ عَصًا غَلِيظَةً طَرَفُهَا مَلْفُوفٌ بِخِرْقَةٍ بَالِيَةٍ، فَأَشْعَلَ فِيهَا النَّارَ، وَأَمْسَكَ الْعَصَا مِنَ الطَّرَفِ الْآخَرِ بِيَدِهِ الْيُمْنَى وَرَفَعَهَا عَالِيًا. كَانَ الْكَهْفُ الْحَجَرِيُّ الرَّطْبُ مُمْتَدًّا وَاسِعَ الْأَرْجَاءِ يُثِيرُ الرَّهْبَـةَ فِي النُّفُوسِ. تَقَدَّمَ مهاب بِثَبَاتٍ وَحَذَرٍ مُسْتَرْشِدًا بِنُورِ الشُّعْلَةِ إِلَى أَنْ بَدَتْ لَهُ مَجْمُوعَةٌ مِنَ الْكَائِنَاتِ السُّودِ مُعَلَّقَةً فِي سَقْفِ الْكَهْفِ، فَوَاصَلَ التَّقَدُّمَ ثُمَّ لَوَّحَ بِالشُّعْلَةِ يَمِينًا وَشِمَالًا. رَفْرَفَتِ الْخَفَافِيشُ مُتَذَمِّرَةً وَأَطْلَقَتْ أَصْوَاتٍ حَادَّةً مُفْزِعَةً زَادَهَا الصَّدَى إِزْعَاجًا. عَمَّتِ الْفَوْضَى سَمَاءَ

الْكَهْفِ وَالْخَفَافِيشُ تُرَفْرِفُ فِي كُلِّ اتِّجَاهٍ، فَانْبَطَحَ مِهَابٌ بِسُرْعَةٍ، لَكِنَّهُ لَمَحَ شَيْئًا مُسْتَدِيرًا بَرَّاقًا يَسْقُطُ مِنْ سَقْفِ الْكَهْفِ، عَرَفَ أَنَّهَا مِرْآةُ التَّفَاؤُلِ تَبْرُقُ لِأَنَّ وَهِيجَ النَّارِ يَنْعَكِسُ عَلَيْهَا. فَوَقَفَ فِي لَمْحِ الْبَصَرِ وَقَفَزَ بِرَشَاقَةٍ يَلْتَقِطُهَا قَبْلَ أَنْ تُلَامِسَ أَرْضِيَّةَ الْكَهْفِ وَتَنْكَسِرَ، ثُمَّ وَضَعَهَا فِي جِرَابِهِ بِرِفْقٍ، وَتَقَهْقَرَ نَحْوَ مَدْخَلِ الْكَهْفِ بِخُطُوَاتٍ حَذِرَةٍ وَهُوَ يُلَوِّحُ بِشُعْلَتِهِ لِيَمْنَعَ الْخَفَافِيشَ مِنَ الْانْقِضَاضِ عَلَيْهِ. أَخِيرًا، غَادَرَ الْكَهْفَ بِسَلَامٍ، وَرَكِبَ النَّعَامَةَ مُتَّجِهًا صَوْبَ الْقَرْيَةِ وَقَدْ صَارَ الطَّقْسُ صَحْوًا وَلَاحَ فِي الْأُفُقِ قَوْسُ قُزَحٍ. وَصَلَ مِهَابٌ فَسَلَّمَ الْمِرْآةَ لِلشَّيْخِ الْحَكِيمِ وَعَادَ إِلَى مَنْزِلِهِ مَسْرُورًا.

✳ ✳ ✳

٨

مِرآة الحلم

فِي صَبَاحِ الْيَوْمِ التَّالِي، قَالَ حَكِيمُ الْقَرْيَةِ لِمهاب:

ـ وِجْهَتُكَ الْأَخِيرَةُ هِيَ السَّهْلُ شَمَالَ شَرْقِ الْقَرْيَةِ، حَيْثُ سَتُوَاجِهُ الْأَفْعَى الْخَبِيثَةَ السَّامَّةَ وَتَحْصُلُ عَلَى مِرْآةِ الْحِلْمِ الَّتِي سَتُسَاعِدُكَ فِي هَزِيمَةِ الْعِمْلَاقِ الْغَضُوبِ. يَا بُنَيَّ، إِنَّ الْغَضَبَ يُفْقِدُ السَّيْطَرَةَ عَلَى الْأَعْصَابِ وَيَجْعَلُ الْإِنْسَانَ يَتَصَرَّفُ بِعُنْفٍ وَيَأْتِي فِعَالًا

خَرْقَاءَ يَنْدَمُ عَلَيْهَا. لَكِنْ ثِقْ يَا بُنَيَّ أَنَّ الصَّوْتَ الْهَادِئَ أَقْوَى مِنَ الصُّرَاخِ، فَلَا تَرْفَعْ صَوْتَكَ بَلِ اخْتَرْ وَانْتَقِ كَلِمَاتِكَ جَيِّدًا وَحَافِظْ دَوْمًا عَلَى هُدُوءٍ أَعْصَابِكَ وَرَبَاطَةِ جَأْشِكَ. عِنْدَمَا تَشْعُرُ بِالْغَضَبِ يَجْتَاحُكَ، اكْتُمْ غَيْظَكَ وَكُنْ مُتَمَاسِكًا: خُذْ نَفَسًا عَمِيقًا وَسَيْطِرْ عَلَى مَشَاعِرِكَ الْغَاضِبَةِ وَغَيِّرْ مَكَانَكَ أَوِ اشْرَبْ جُرْعَةَ مَاءٍ. لَا تَسْمَحْ لِأَحَدٍ بِأَنْ يَسْتَفِزَّكَ، بَلْ كُنْ ذَكِيًّا وَتَجَاهَلْهُ. وَإِذَا تَحَاوَرْتَ مَعَ شَخْصٍ فَوَجَدْتَ أَنَّهُ مُتَعَنِّتٌ وَيُحَاوِلُ اسْتِفْزَازَكَ، انْسَحِبْ بِأَدَبٍ لِأَنَّكَ إِنْ وَاصَلْتَ الْحِوَارَ رُبَّمَا يَنْتَهِي بِشِجَارٍ، فَمَا أَجْمَلَ أَنْ تَصْمُتَ فِي وَجْهِ مَنْ يَنْتَظِرُ مِنْكَ الْخِصَامَ. وَكَمَا قَالَ الشَّاعِرُ:

يُخَاطِبُنِي السَّفِيهُ بِكُلِّ قُبْحٍ
فَأَرْفُضُ أَنْ أَكُونَ لَهُ مُجِيبًا
يَزِيدُ سَفَاهَةً وَأَزِيدُ حِلْمًا
كَعُودٍ زَادَهُ الْإِحْرَاقُ طِيبًا

خَــارِجَ الْقَرْيَةِ سَتَجِدُ جَوَادًا عَرَبِيًّا أَصِيلًا يُقِلُّكَ عَبْرَ السَّهْلِ الْمُمْتَدِّ، وَقَبْلَ أَنْ تَذْهَبَ دَعْنِي أُقَدِّمْ لَكَ بَعْضَ الْمَعْلُومَاتِ عَنِ الْحِصَانِ وَالْأَفْعَى.

الْحِصَانُ هُوَ أَنْبَلُ الْحَيَوَانَاتِ، وَهُوَ حَيَوَانٌ ذَكِيٌّ وَصَدِيقٌ وَفِيٌّ لِلْإِنْسَانِ. لَهُ الْقُدْرَةُ عَلَى الرَّكْضِ بِسُرْعَةٍ كَبِيرَةٍ لِمَسَافَةٍ طَوِيلَةٍ، وَبِمَا أَنَّ عَيْنَيْهِ عَلَى جَانِبَيْ رَأْسِهِ فَإِنَّ مَجَالَ رُؤْيَتِهِ وَاسِعٌ. كَمَا يَسْتَطِيعُ الْحِصَانُ أَنْ يَنَامَ وَاقِفًا عَلَى قَوَائِمِهِ.

الْأَفْعَى حَيَوَانٌ زَاحِفٌ مِنْ ذَوَاتِ الدَّمِ الْبَارِدِ. فَكُّهَا مَرِنٌ فَهِيَ قَادِرَةٌ عَلَى ابْتِلَاعِ فَرِيسَةٍ أَكْبَرَ مِنْ رَأْسِهَا، لَكِنَّهَا لَا تَسْتَطِيعُ مَضْغَ غِذَائِهَا، فَتَزْدَرِدُهُ كَامِلًا ثُمَّ تَهْضِمُهُ. تَشُمُّ الْأَفْعَى بِلِسَانِهَا، وَتَتَخَلَّصُ دَوْرِيًّا مِنْ جِلْدِهَا لِتُعَوِّضَهُ بِجِلْدٍ جَدِيدٍ.

خَرَجَ مهاب مُتَوَجِّهًا شَمَالَ شَرْقِ الْقَرْيَةِ، فَوَجَدَ جَوَادًا عَرَبِيًّا أَدْهَمَ، جِسْمُهُ مَتِينٌ مُتَنَاسِقٌ يُغَطِّيهِ وَبَرٌ بَرَّاقٌ نَاعِمٌ، وَرَأْسُهُ ظَرِيفٌ خَالٍ مِنَ الْوَبَرِ. أُذْنَاهُ طَوِيلَتَانِ مُنْتَصِبَتَانِ، عَيْنَاهُ وَاسِعَتَانِ بَرَّاقَتَانِ، وَفِي جَبْهَتِهِ الْعَرِيضَةِ غُرَّةٌ بَيْضَاءُ زَادَتْهُ جَمَالًا. يَنْسَدِلُ عَلَى عُنُقِهِ عُرْفٌ طَوِيلٌ نَاعِمٌ، صَدْرُهُ وَاسِعٌ مَتِينٌ الْعَضَلَاتِ، وَقَوَائِمُهُ نَحِيفَةٌ قَوِيَّةٌ.

اِمْتَطَى مهاب صَهْوَةَ الْجَوَادِ وَرَبَّتَ عَلَى عُنُقِهِ،

ثُمَّ أَمْسَكَ بِخُصْلَةٍ مِنْ عُرْفِهِ وَلَكَزَهُ بِرِجْلَيْهِ فِي بَطْنِهِ بِرِفْقٍ، فَرَفَعَ الْحَيَوَانُ النَّبِيلُ رَأْسَهُ وَأَطْلَقَ صَهِيلًا خَافِتًا مُعَبِّرًا عَنْ طَاعَتِهِ، ثُمَّ انْطَلَقَ يَعْدُو عَبْرَ السَّهْلِ وَعُرْفُهُ يَتَطَايَرُ فِي نُعُومَةٍ. تَأَمَّلَ مهاب جَمَالَ الطَّبِيعَةِ حَوْلَهُ، كَانَتِ النَّسَمَاتُ الرَّقِيقَةُ تَنْسَابُ بَيْنَ الْحَشَائِشِ الْغَضَّةِ النَّضِرَةِ وَالْأَعْشَابِ الْخَضْرَاءِ النَّدِيَّةِ فَتَتَمَايَلُ يَمْنَةً وَيَسْرَةً بِتَنَاسُقٍ وَانْسِجَامٍ، بَيْنَمَا تَتَنَقَّلُ الْفَرَاشَاتُ الْمُزَرْكَشَةُ بَيْنَ الْأَزْهَارِ الْيَانِعَةِ الَّتِي تُطْلِقُ عَبِيرُهَا الْفَوَّاحَ فَتَغْمُرُ السَّهْلَ بِعَبَقٍ شَذِيٍّ رَائِقٍ، وَتُحَلِّقُ الْعَصَافِيرُ الْجَمِيلَةُ حُرَّةً شَادِيَةً بِأَعْذَبِ الْأَلْحَانِ. إِنَّهَا الطَّبِيعَةُ الْخَلَّابَةُ فِي أَبْهَى حُلَلِهَا!

وَصَلَ مهاب إِلَى جُحْرِ الْأَفْعَى السَّامَّةِ، فَتَسَلَّقَ

شَجَرَةً غَيْرَ بَعِيدَةٍ، وَأَخْرَجَ مِنْ جِرَابِهِ بَيْضَةً مَسْلُوقَةً مَطْلِيَّةً بِمَادَّةٍ مُنَوِّمَةٍ، وَأَلْقَاهَا أَمَامَ الْجُحْرِ. خَرَجَتِ الْأَفْعَى السَّامَّةُ تَسْعَى مُتَلَوِّيَةً، كَانَتْ طَوِيلَةً حَمْرَاءَ مُرَقَّطَةً، جِلْدُهَا جَافٌّ أَمْلَسُ، وَاسِعَةُ الشِّدْقِ، وَفِي عَيْنَيْهَا نَظْرَةٌ مَاكِرَةٌ شَرِسَةٌ. تَابَعَهَا مِهَابٌ بِبَصَرِهِ وَهِيَ تَزْحَفُ نَحْوَ الْبَيْضَةِ ثُمَّ تَزْدَرِدُهَا، فَقَالَ ضَاحِكًا: «أَحْسَنْتِ أَيَّتُهَا الْأَفْعَى، لَقَدْ حَانَ وَقْتُ نَوْمِكِ». وَبَقِيَ فِي مَكَانِهِ يَنْتَظِرُ بِصَبْرٍ إِلَى أَنْ بَدَأَ مَفْعُولُ الْمُنَوِّمِ، فَغَرِقَتِ الْأَفْعَى فِي نَوْمٍ عَمِيقٍ. ثُمَّ هَبَطَ مِنَ الشَّجَرَةِ، وَأَطَلَّ دَاخِلَ الْجُحْرِ فَرَأَى مِرْآةَ الْحِلْمِ. أَدْخَلَ يَدَهُ بِحَذَرٍ وَأَمْسَكَ الْمِرْآةَ وَأَخْرَجَهَا بِرِفْقٍ، ثُمَّ عَادَ عَلَى مَتْنِ الْجَوَادِ الْأَدْهَمِ إِلَى الْقَرْيَةِ، وَقَدَّمَ الْمِرْآةَ لِلشَّيْخِ الْحَكِيمِ.

الختام

فِي الْيَوْمِ الثَّامِنِ، تَوَجَّهَ مهاب إِلَى مَنْزِلِ الشَّيْخِ الْحَكِيمِ. فَقَالَ لَهُ الشَّيْخُ:

ـ أَحْسَنْتَ يَا مهاب، الْآنَ وَقَدْ جَمَعْتَ كُلَّ الْمَرَايَا، تَسْتَطِيعُ أَنْ تُوَاجِهَ الْعَمَالِقَةَ الْأَشْرَارَ وَتَهْزِمَ الشُّرُورَ الَّتِي تَغَلْغَلَتْ فِي نُفُوسِهِمْ. فَفِي دَاخِلِ كُلِّ عِمْلَاقٍ يُوجَدُ وَحْشٌ شِرِّيرٌ نَمَا وَكَبُرَ دُونَ أَنْ يَعْلَمَ الْعَمَالِقَةُ بِذَلِكَ، وَيَجِبُ أَنْ يَنْظُرُوا فِي الْمَرَايَا الْعَجِيبَةِ لِيَرَوْا كَيْفَ تَحَوَّلُوا إِلَى وُحُوشٍ. عِنْدَمَا

تَكُونُ وَجْهًا لِوَجْهٍ مَعَ الْعِمْلَاقِ، لَا تَتَحَدَّثْ إِلَيْهِ، بَلِ انْتَظِرْهُ إِلَى أَنْ يُهَاجِمَكَ، وَفِي اللَّحْظَةِ الْأَخِيرَةِ ضَعِ الْمِرْآةَ أَمَامَ وَجْهِهِ، وَشَاهِدْ النَّتِيجَةَ بِنَفْسِكَ.

خَرَجَ مهاب حَامِلًا مَعَهُ الْمَرَايَا الْعَجِيبَةَ فِي جِرَابٍ كَبِيرٍ وَاتَّجَهَ بِخُطًى ثَابِتَةٍ نَحْوَ بُرْجِ الْعَمَالِقَةِ شَرْقًا. وَعِنْدَمَا وَصَلَ، دَخَلَ إِلَى الطَّابَقِ الْأَرْضِيِّ. رَآهُ الْعِمْلَاقُ الْمُتَكَبِّرُ فَعَلِمَ أَنَّهُ أَتَى لِاسْتِرْجَاعِ الْمِفْتَاحِ، فَأَسْرَعَ نَحْوَهُ لِيَفْتِكَ بِهِ. أَخْرَجَ مهاب مِرْآةَ التَّوَاضُعِ وَرَفَعَهَا فِي وَجْهِ الْعِمْلَاقِ الْمُتَكَبِّرِ، تَأَمَّلَ الْعِمْلَاقُ انْعِكَاسَ صُورَتِهِ فِي الْمِرْآةِ، فَرَأَى وَحْشًا بَشِعًا مُخِيفًا مُقَزِّزًا. سَقَطَ الْعِمْلَاقُ عَلَى رُكْبَتَيْهِ ذُهُولًا وَخَجَلًا، ثُمَّ أَطْرَقَ بِرَأْسِهِ وَطَفِقَ يَبْكِي، لِأَنَّهُ لَمْ يَكُنْ يَعْلَمُ أَنَّهُ تَحَوَّلَ إِلَى وَحْشٍ كَرِيهٍ مُرْعِبٍ مُثِيرٍ لِلِاشْمِئْزَازِ.

تَرَكَهُ مهاب وَصَعِدَ إِلَى الطَّابَقِ الثَّانِي وَفَعَلَ نَفْسَ الْأَمْرِ مَعَ الْعِمْلَاقِ الثَّانِي، ثُمَّ الثَّالِثِ، فَالرَّابِعِ، فَالْخَامِسِ، فَالسَّادِسِ، فَالسَّابِعِ. ذُهِلَ الْعَمَالِقَةُ لَمَّا شَاهَدُوا انْعِكَاسَ صُوَرِهِمْ فِي الْمَرَايَا. كَانَتِ الصَّدْمَةُ رَهِيبَةً، وَعَرَفَ الْعَمَالِقَةُ أَنَّ الشَّرَّ تَغَلْغَلَ فِي نُفُوسِهِمْ وَأَعْمَى بَصِيرَتَهُمْ، فَنَدِمُوا وَبَكَوْا بُكَاءً مَرِيرًا. بَعْدَ ذَلِكَ، اِجْتَمَعُوا حَوْلَ مهاب وَأَحْضَرُوا لَهُ مِفْتَاحَ الصُّنْدُوقِ الْمَعْدَنِيِّ الَّذِي يُغَطِّي بِئْرَ الْقَرْيَةِ. وَطَلَبُوا مِنْهُ أَنْ يُخْبِرَ أَهْلَ الْقَرْيَةِ بِنَدَمِهِمْ وَأَنْ يَرْجُوهُمْ أَنْ يُسَامِحُوهُمْ. وَعَدَهُمْ مهاب بِأَنَّهُ سَيُوصِلُ رِسَالَتَهُمْ، ثُمَّ خَرَجَ مِنَ الْبُرْجِ وَعَادَ أَدْرَاجَهُ مَسْرُورًا نَحْوَ مَنْزِلِ الشَّيْخِ. وَعِنْدَمَا وَصَلَ، قَدَّمَ لَهُ الْمِفْتَاحَ وَأَخْبَرَهُ بِرِسَالَةِ الْعَمَالِقَةِ. فَرِحَ

الشَّيْخُ وَاحْتَضَنَ مهاب بِحَنَانٍ أَبَوِيٍّ. ثُمَّ قَالَ لَهُ:

ـ أَحْسَنْتَ يَا بُنَيَّ، لَقَدْ أَنْقَذْتَ الْقَرْيَةَ مِنَ الْعَطَشِ وَأَنْقَذْتَ الْعَمَالِقَةَ السَّبْعَةَ مِنْ شُرُورِهِمْ. سَأَجْمَعُ الْأَهَالِي وَأُبَشِّرُهُمْ بِأَنَّكَ اسْتَرْدَدْتَ مِفْتَاحَ الْبِئْرِ وَأُخْبِرُهُمْ بِنَدَمِ الْعَمَالِقَةِ. أَنْتَ بَطَلُ الْقَرْيَةِ يَا مهاب، وَأَرْجُو أَنْ تُصْبِحَ مُنْذُ الْيَوْمَ مُسَاعِدِي.

وَهَكَذَا، انْتَهَتْ مُغَامَرَاتُ الطِّفْلِ الشُّجَاعِ مهاب وَتَمَكَّنَ مِنْ اسْتِرْجَاعِ الْمِفْتَاحِ بِنَجَاحٍ، فَأَصْبَحَ بَطَلَ الْقَرْيَةِ وَمُسَاعِدَ الشَّيْخِ الْحَكِيمِ.

❊ ❊ ❊

الفهرس